Formule 1 2024
Le Livre d'Or

Solar, un département d'Édi8
Retrouvez-nous sur www.lisez.com
serviceclients@lisez.com

Formule 1 2024
Le Livre d'Or

Frédéric Ferret
Préface d'Alain Prost

SOLAR

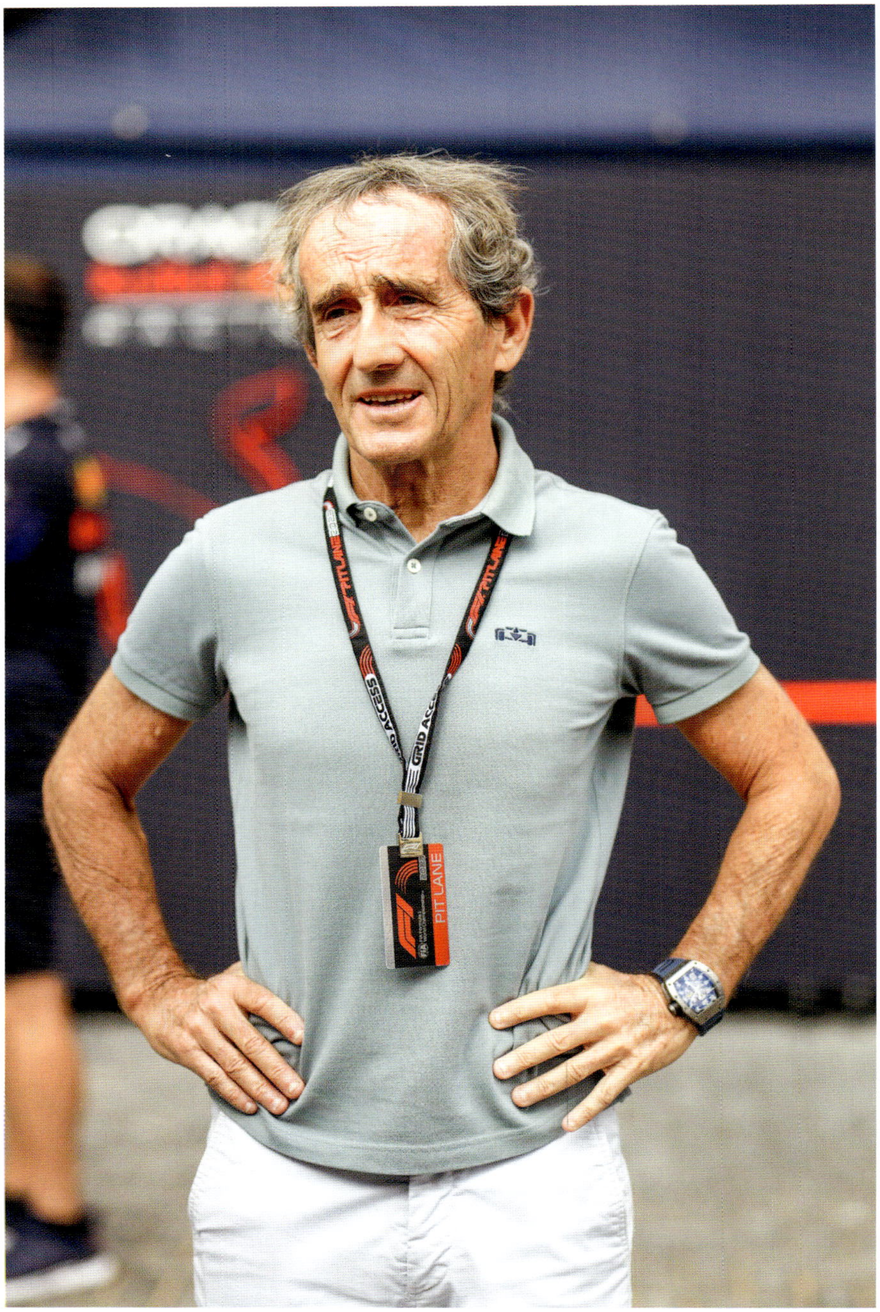
GRID ACCESS
PIT LANE

« La victoire de la patience et du talent »

On avait pris l'habitude de voir Red Bull dominer et Verstappen gagner. Cette saison, il a fallu revoir la manière de concevoir la Formule 1. Max a continué de gagner, mais son équipe beaucoup moins. Car 2024 aura montré combien cette discipline exige de professionnalisme. Il n'est plus possible d'avoir d'excellents résultats sans avoir des hommes très compétents à tous les postes. Il suffit d'en perdre un, même pas connu, pour brusquement s'égarer car il manque désormais le savoir d'analyse et de compréhension.

L'incertitude est devenue la règle en F1. Le paysage actuel est devenu incompréhensible, parfois illisible sur le long terme. Le modèle de Red Bull dont j'ai si souvent vanté la constance est sans doute en train de disparaître, ses hommes étant un à un débauchés par la concurrence. Celui de McLaren, plus vertueux et plus discret, est peut-être en train de s'installer. Avec cette découverte qu'en F1 la vérité d'un jour n'est plus celle du lendemain, et que même McLaren n'est aucunement assurée de tout écraser.

En revanche, il restera de 2024 une certitude, celle de l'excellence de Verstappen, désormais coiffé de quatre couronnes. Il n'avait plus la voiture de 2023 qui lui a permis de tout écraser, et il n'avait plus l'équipe rouleau compresseur de ces trois dernières saisons à son soutien. Malgré cela, le champion a réussi à conserver son titre.

Face à cette relative baisse de puissance, Max Verstappen a très vite revu ses ambitions à la baisse. À la veille de son premier sacre, je pensais que nous ne verrions le vrai Max qu'une fois sa première couronne conquise. Nous l'avons vu dominant et imbattable en 2022 et 2023. Cette année, c'est une autre facette du champion que nous pouvons découvrir, celle du pilote mature qui sait tirer profit de la moindre occasion pour marquer le maximum de points. Sans prendre de risque inconsidéré, sauf quand, fatigué de ne plus gagner, il a saisi l'occasion. Au Brésil, le flamboyant a signé son retour, de manière indiscutable.

> **« Verstappen laissera au terme de cette saison le souvenir d'un pilote incroyablement talentueux. Très dur, bien sûr, mais ses quatre titres sont totalement mérités et il est désormais tout en haut du panier. »**

Il laissera au terme de cette saison le souvenir d'un pilote incroyablement talentueux. Très dur, bien sûr, mais ses quatre titres sont totalement mérités et il est désormais tout en haut du panier.

Replongez-vous dans cette saison passionnante aux si nombreux vainqueurs ; relisez comment Leclerc a lui aussi su être dur pour enfin gagner à Monaco ; remémorez-vous ces succès de Piastri en qui j'ai toujours cru et qui fera très vite parler de lui ; revivez comment McLaren, cette équipe qui compte tant pour moi, est peut-être passée avec Norris à côté d'une chance incroyable ; et surtout mesurez combien ce quatrième sacre de Verstappen ne doit rien au hasard, mais tout à son talent. On ne gagne jamais quatre couronnes par accident.

Alain Prost

La Chine a fait son retour au calendrier de la F1. Et même si le pilote local, Zhou Guanyu, n'a pas brillé, ce fut un succès sur le circuit de Jiading.

Sommaire

L'homme de l'année

En survivant, avec talent, au déluge tropical,
Verstappen s'est assuré sa quatrième couronne au Brésil.

La passe de quatre

Pour coiffer une quatrième couronne au terme d'une saison bien moins dominante que la précédente, le Néerlandais a dû s'employer. Retour sur cette conquête qui n'avait finalement rien d'attendu et ces quatre combats qu'il a dû mener.

Après dix courses sans succès, le Néerlandais jubilait sur le podium d'Interlagos pour la 62e victoire de sa carrière.

C'est l'histoire d'un sacre très attendu mais finalement disputé. Ce sera l'histoire d'un titre où tout fut fait pour le faire trébucher ; l'histoire d'un triomphe à la hauteur de ce quatrième titre et qu'il aura mérité plus que jamais tant chausse-trapes, écueils et autres traquenards ont jalonné cette saison qui fut loin, bien loin de ce long fleuve tranquille qu'on envisageait. Sa couronne de 2021 restera à jamais entachée de cette controverse d'Abu Dhabi, celui de 2022 des errements de Ferrari incapable de soutenir Charles Leclerc au moment où il en aurait eu besoin, celui de 2023 de la fusée RB19 qui, dans ses mains, était devenue imbattable. Le championnat 2024, lui, ne souffrira aucune contestation. « J'ai préféré l'année dernière avec sa domination évidemment, confiait-il à la veille de son sacre. Mais cette saison a été enrichissante, plus délicate. Il a fallu rester calme et elle va me rendre plus fort. » Il fera de Max Verstappen l'un des plus grands pilotes de ce sport par sa capacité à réagir aux interférences, par sa patience, nouvelle, devant les perturbations mais surtout ce talent, hallucinant, qu'il aura su sortir de la boîte lorsqu'il en avait besoin et lorsque son rival s'en doutait le moins. Oui, le Néerlandais est bien l'égal d'Alain Prost (1985, 1986, 1989 et 1993) et de Sebastian Vettel (de 2010 à 2013) car il a su, mieux que personne, maîtriser cette année folle et combattre tous ces obstacles qui se présentaient devant lui.

LES TENSIONS DANS SON ÉQUIPE

Avant même que la saison ne débute, avant même que sa voiture de l'année ne soit présentée, Max Verstappen a dû gérer – ou pas – une énorme crise interne impliquant d'un côté son patron Christian Horner et de l'autre son père, Jos, soutenu par son mentor Helmut Marko.
Le premier était accusé par son assistante de « comportements inappropriés » et le second, soutenu par le troisième, souhaite se débarrasser de l'historique boss de l'équipe. Durant un mois, la presse ne parle que de cela, et l'hospitalité de l'écurie subit au quotidien l'assaut des journalistes et le siège des photographes.
Face à ce maelström, Verstappen ne bronche pas. Mieux, il répond au volant. Même les échanges crapoteux entre Horner et la plaignante ne le déridant pas. Son père s'affichant au soir du premier Grand Prix en pleine discussion avec Toto Wolff, le meilleur ennemi du clan Red Bull, ne change rien à l'affaire. Ses mots réclamant le lendemain la démission du Britannique non plus. En revanche, Verstappen se bat avant Djeddah pour sauver son mentor, celui qui lui a permis de rouler en F1 à seize ans en 2014. En Arabie saoudite, la direction de Red Bull débarque dans le paddock pour calmer les esprits et remettre les troupes en ordre de bataille. Le Néerlandais, lui, signe les deux premières victoires de l'année, pas du tout impressionné par le brouhaha médiatique organisé autour de cette affaire extra-sportive qui lentement va, sinon s'éteindre, du moins s'apaiser.
Verstappen reste le pilote de Red Bull et il mesure ce qu'il doit à son team. Il viendra toutefois prendre la défense de son père lors du GP d'Autriche, lorsque ce dernier refusera de participer à la parade des pilotes après qu'il a appris qu'Horner avait demandé aux cameramen de ne pas filmer Jos. Victoire par K.-O. de Verstappen qui ne s'est jamais laissé distraire mais qui a, plusieurs fois, donné sa position… parfois différente de celle de son père et de son mentor.

LES PROBLÈMES SUR SA VOITURE

On n'avait pas cru Pierre Waché, le directeur technique de Red Bull, créateur de cette RB20 si innovante, lorsqu'il confiait à la veille de l'ouverture de la saison : « Il reste beaucoup de choses à améliorer sur cette monoplace. Il y a plein de petites erreurs, des choses que vous ne voyez pas mais qui ne vont pas bien. À l'intérieur, il y a plein de pétouilles qu'il va falloir régler. » On n'avait pas plus écouté son pilote, désormais champion, Max Verstappen, lorsqu'il confiait durant tout le week-end australien, troisième manche du championnat, que cette monoplace aux pontons efflanqués était « très difficile à régler ». Il la trouvera « trop rigide » à Monaco, puis « trop gourmande en gommes » à Zandvoort. Pourtant, hormis le souci d'écope de frein mal monté à Melbourne qui le contraignit à l'abandon dès le 3e tour, le Néerlandais a toujours su composer avec cette machine si difficile à piloter. Certains pensent même qu'il aurait masqué les soucis congénitaux de cette

Jos Verstappen et Helmut Marko *(à droite sur la photo)* ont, au pire de la crise de l'hiver, approché Toto Wolff *(à gauche)* afin de négocier un transfert de leur pilote vers Mercedes.

La Red Bull avait écrasé les deux premières manches du championnat. Elle est pourtant vite rentrée dans le rang.

audacieuse voiture au système de refroidissement si différent en compensant grâce à son talent. « C'est faux, nous confirmait Pierre Waché au Brésil. Nous avions identifié la difficulté à régler précisément la monoplace dès le début de l'année. »
Alors, face à cette RB20 bien moins performante que sa devancière aux 22 succès sur 23 possibles l'an dernier, Verstappen a géré. « Bien sûr, nous étions partis fort, expliquera-t-il une fois sacré. Mais j'ai su ne pas m'énerver, travailler avec les gars sans me plaindre pour maximiser nos résultats. Je suis très fier de ce que nous avons accompli. »
Car, même avec une voiture "ordinaire", il a gagné... tant qu'il pouvait face à ces McLaren sur le retour, ces Ferrari redevenues si solides et ces Mercedes toujours en embuscade quand ça n'allait pas. Victoire du pilote sur la machine par K.-O.

SA GUERRE CONTRE LA FIA

Si ce n'en était pas ridicule, tout le monde en aurait rigolé. Lui avait essayé de garder son sérieux même si à ses côtés, lors de ce week-end de Singapour, Norris, Piastri, Hamilton et consorts se gondolaient. Car il était énervé. Très énervé. Le président de la FIA s'était lancé dans un combat aussi inutile que vain et déplacé sur le langage des pilotes en général et celui du champion néerlandais en particulier. L'objectif, très britannique, était d'éradiquer le « *F word* », ce « *fuck* » (putain ou merde, c'est selon) qui sert si souvent à jurer et que le pilote Red Bull avait eu le malheur d'employer non seulement au volant, mais surtout en conférence. Alors, en débarquant à Marina Bay, le Néerlandais a décidé de faire

> **« J'ai su ne pas m'énerver, travailler avec les gars sans me plaindre pour maximiser nos résultats. Je suis très fier de ce que nous avons accompli. »**
>
> **Max Verstappen**

À Singapour, en protestation d'une punition de la FIA, le Néerlandais a fait la grève des réponses.

À Barcelone, Norris et sa McLaren ont tenté d'intimider Max Verstappen. En vain, celui-ci a vite repris le contrôle des basses œuvres en piste.

la guerre à la Fédération et surtout à son président, refusant de répondre en conférence officielle par plus que des monosyllabes. En revanche, il se lâche dans les couloirs du bâtiment qui héberge la salle de presse et la direction de course puis dans le paddock devant une grappe de journalistes cherchant à recueillir sa parole. Sa punition à des travaux d'intérêt général ne passe pas.
Il aura finalement gain de cause, soutenu par ses homologues, un mois plus tard, au retour de l'enchaînement américain. Un communiqué du GPDA (*Grand Prix driver association*) qui vient à son soutien et dénonce le comportement paternaliste de Mohammed Ben Sulayem. « Il y a une différence entre les jurons qui insultent et les jurons plus communs, tels que ceux qu'on pourrait utiliser pour parler du mauvais temps, d'un objet comme une voiture de Formule 1, ou d'une situation de pilotage », affirme la GPDA dans un texte publié sur les réseaux sociaux. Mot pour mot le discours prononcé à Singapour par Verstappen, lors de sa révolte. Victoire aux points du champion.

SES COMBATS EN PISTE

Avec son impressionnante domination de 2022 et de 2023, on avait oublié que Max Verstappen n'était pas, en piste, un enfant de chœur. À doubler, il a toujours été le démon qui fait trembler, douter ou pester la concurrence. Cette année, avec une voiture rentrée dans le rang, ses mauvaises habitudes sont revenues, celles qui l'ont vu refuser, par tous les moyens, de se faire dépasser... quand il s'agit de son rival pour le titre. Plus de bataille ponton contre ponton avec Hamilton comme en 2021. Cette année, la guerre se focalisa sur Lando Norris. Lorsque le Britannique sortit son canon, en cherchant à le tasser contre la murette au départ de Barcelone, le Néerlandais dégaina d'abord l'arme psychologique, se moquant de son jeune ami, en compagnie de Lewis Hamilton d'ailleurs. Et puis, la semaine suivante en Autriche, comme cela ne suffisait plus, il attaqua à l'arme lourde, le sortant virilement au virage 3. Abandon pour l'Anglais mais cinquième place (après pénalité) pour le champion. La messe était dite. Lorsque le pilote McLaren tenta à nouveau de se débarrasser de la Red Bull au Texas ou au Mexique, on le sentit fébrile. Beaucoup moins incisif que ne l'aurait été un Hamilton justement, un Leclerc ou Verstappen qui, à chaque fois, l'envoyait au large. D'abord aidé par la FIA qui l'absolvait de ses basses manœuvres, avant de le punir méchamment de deux pénalités d'un coup à Mexico. Histoire de marquer les esprits et tenter de reprendre – un peu – la main sur le pilotage très agressif du Néerlandais. Match nul entre la FIA et le champion sur ce sujet, mais victoire par K.-O. sur le rival anglais.

« Verstappen est clairement à part »

Pour le quadruple champion du monde tricolore, l'une des forces du Néerlandais est de se moquer de ce que pensent les autres et de vivre, toujours, à sa manière.

Alain Prost apprécie énormément Max Verstappen et n'a jamais rechigné à dire du bien du champion néerlandais. Il est même venu à Abu Dhabi féliciter celui qui l'a donc rejoint avec Sebastian Vettel chez les quadruplement couronnés. Pour s'en assurer, il suffit d'écouter les analyses toujours pertinentes de l'ancien qui parle très bien du petit jeune, à qui il promet un avenir encore plus brillant. Une trentaine de minutes où l'on ressent beaucoup d'estime, voire un peu d'admiration.

« Avoir Verstappen comme voisin au palmarès, est-ce que cela vous touche ?

Oui, sincèrement. Je suis satisfait d'être en aussi bonne compagnie. Parce que nous ne sommes que trois avec quatre titres mais j'ai connu l'époque où Michael (Schumacher) m'avait rejoint et Lewis (Hamilton) est passé. Je n'oublierai pas que Fangio fut le premier des pilotes à quatre couronnes. On se retrouve quand même parmi quelques noms qui sont, comment dire sans paraître présomptueux… *(il réfléchit)* hors du commun. Nous faisons partie de l'histoire. Être quatre fois champion du monde, c'est une sorte de fierté. Et Max, quand on regarde maintenant sa carrière, il peut en être fier. Il ne les a nullement volées, ses couronnes. On peut avoir un peu de chance, comme moi en 1986, mais il faut savoir la provoquer, puis la saisir. Max, il ne manque rien. Je me souviens qu'en 2016, lors de sa première victoire, je commentais pour Canal et je lui avais promis un avenir radieux et un palmarès sérieux. Il ne m'a pas fait mentir. Ce qu'il a déjà réalisé est quand même bluffant. Verstappen est clairement à part. Ce n'est pas n'importe qui, que ce soit sa personnalité, son caractère, son implication. Vous pouvez l'aimer ou le détester mais il ne laisse sûrement pas indifférent. Il est atypique comme beaucoup de grands champions.

À Estoril, en septembre 1993, avec encore deux courses à disputer, Alain Prost, sur Williams, remportait son quatrième et dernier titre.

Quatre, c'est un chiffre énorme, mais est-ce un accomplissement comme ce le fut pour vous avec votre départ à la retraite ?

Je ne pense pas qu'un sportif en activité fonctionne comme cela. En tout cas, moi ce n'était pas le cas. J'ai conquis d'autres records comme celui de victoires (51) mais je n'y pensais pas lorsque je pilotais. Lorsqu'en août 1993, je me décide à quitter la F1 en fin de saison, je ne me suis pas dit qu'il fallait d'autres records. J'ai voulu profiter. Pour Max, c'est sûrement la même chose. Aucun pilote ne peut programmer ses titres. La chose est beaucoup trop aléatoire. On peut éventuellement gérer un championnat, comme il l'a très bien fait cette année.

Cette couronne, pensez-vous que ce fut la plus dure à conquérir pour lui ?

Il n'y a que lui qui puisse le dire. Je ne sais pas ce que valait réellement sa voiture *(il réfléchit)*. Et puis, nous ne devons pas oublier ce titre très controversé de 2021. Il est encore aujourd'hui très difficile d'avoir une analyse objective. Sincèrement, les deux méritaient le titre sur l'ensemble de la saison. C'est Max qui l'a remporté dans les conditions qu'on connaît. C'était sa première couronne, et là encore, il est allé la chercher. C'est toujours difficile d'aller l'acquérir, ce premier sacre. D'ailleurs, je me rappelle très bien ce que j'ai dit le soir d'Abu Dhabi :

désormais, nous verrons le vrai Verstappen. Et on l'a vu depuis... *(Il sourit.)* Il s'est libéré. Il a gommé ses petites erreurs et ses impatiences. Il est devenu très très fort. Pour revenir à cette année, il a dû se battre et je trouve qu'il a montré de très belles choses. Beaucoup de sûreté, beaucoup de sérénité. Même quand ça lui arrive encore de râler – mais il l'a toujours fait – il le faisait avec moins d'agacement. C'est la marque d'un champion plus abouti.

Vous décrivez un champion hors norme. Lui reste-t-il des faiblesses ?
(Il soupire.) C'est difficile, à l'heure actuelle, de lui en trouver. Je ne sais pas ce qu'il fera dans le futur, mais même sur le plan de la communication, par rapport à toutes les rumeurs avec Mercedes et les soucis avec Red Bull, je l'ai trouvé d'une solidité... Il est bon sur tous les terrains. C'est un pilote très dur sur la piste, mais on ne peut pas considérer que c'est une faiblesse.

Donc il est imbattable l'an prochain ?
Alors l'année prochaine, c'est un autre débat. Ce sera une année un peu particulière, dernière année avec la voiture actuelle à effet de sol. On a déjà vu un resserrement des performances entre différentes équipes. La force de Max, c'est que sur certaines courses, il est capable de faire la différence à lui tout seul. Et ça, c'est un gros avantage pour une équipe, et bien entendu pour le championnat. Donc je le mettrais toujours favori l'année prochaine, mais désormais les autres équipes savent que Red Bull est battable.

Lorsque Vettel a conquis sa quatrième couronne, vous étiez ravi car vous le trouvez, en termes de personnalité, très proche de vous. Pensez-vous que Verstappen est plutôt du côté de Senna ?
Max a beaucoup de points communs avec Ayrton, surtout dans leurs débuts de carrière. Aujourd'hui, un peu moins. Il a sa propre manière d'être. Il suit son idée, depuis toujours. Et à sa manière. Pour cela, quand on le connaît un peu, je le trouve proche de Seb ou de moi. Ce sont des choses qui me plaisent bien chez lui. En piste, je le trouve très respectueux.

Très respectueux ?
Oui, à sa manière. Ce n'est pas un tricheur. Vous allez me parler des limites de piste. Mais c'est sa manière de piloter ; c'est une éducation. Pour lui, c'est la norme. La meilleure preuve, c'est que lorsqu'il est pénalisé, il accepte. Il va, comme toujours, au bout de ce qu'il peut faire.

Hamilton s'est battu contre Alonso ou Rosberg, vous contre Senna ou le père de Rosberg. Pensez-vous qu'il lui manque des adversaires de haut niveau pour grimper encore plus dans l'imaginaire collectif ?
Désormais, c'est la règle de ne pas avoir deux pilotes du même niveau dans une équipe. Aujourd'hui, on ne peut changer cela. Mais Max, il s'est tout de même coltiné Ricciardo, Gasly ou Perez. Ce ne sont pas des manches quand même ! On parle de vainqueurs de GP. Vous me parlez de sa popularité. Ce qui est bien avec Max, c'est qu'il est libre. Il ne triche pas : il est comme il est ; il suit son truc. Demain, il pourrait vous dire que dans un mois il arrête. Personne ne serait surpris ! Vo là, c'est lui et c'est son truc. Il se soucie certainement beaucoup moins de l'image qu'il peut avoir que beaucoup d'autres pilotes. Mais je crois qu'il laissera le souvenir d'un pilote incroyablement talentueux. Très dur, bien sûr, mais ses quatre titres sont totalement mérités et il est tout en haut du panier. »

À Las Vegas, en novembre 2024, avec encore deux courses à disputer, Max Verstappen, sur Red Bull, remportait sa quatrième couronne.

Palmarès

Les pilotes les plus titrés

7 titres
Michael Schumacher (1994, 1995, 2000, 2001, 2002, 2003, 2004)
Lewis Hamilton (2008, 2014, 2015, 2017, 2018, 2019, 2020)

5 titres
Juan Manuel Fangio (1951, 1954, 1955, 1956, 1957)

4 titres
Alain Prost (1985, 1986, 1989, 1993)
Sebastian Vettel (2010, 2011, 2012, 2013)
Max Verstappen (2021, 2022, 2023, 2024)

3 titres
Jack Braham (1959, 1960, 1966)
Jackie Stewart (1969, 1971, 1973)
Niki Lauda (1975, 1977, 1984)
Nelson Piquet (1981, 1983, 1987)
Ayrton Senna (1988, 1990, 1991)

La saison des Grands Prix

Une saison disputée de bout en bout, avec un Max Verstappen parfois malmené même si ici, à Austin, il mène la vie dure à son rival Lando Norris. Et d'autres équipes en profitent, comme les Ferrari de Sainz et Leclerc, qui vont signer un impressionnant doublé au Texas.

Lewis Hamilton

La surprise de Sa Majesté

En signant chez Ferrari pour 2025, Lewis Hamilton a pris tout le monde de court avant même le début de la saison. Il a bouleversé la dynamique des transferts mais assuré à la Scuderia une saison sans trouble.

Charles Leclerc et Lewis Hamilton étaient adversaires, ils vont devenir équipiers en 2025.

Il était 20 h 13 en ce 1er février lorsque le communiqué envoyé par la Scuderia a secoué les boîtes mail. Depuis le matin, tout ce que la Formule 1 compte d'informateurs avait déjà été satellisé, à l'image du cours de Ferrari à Wall Street (de 318 € à midi, l'action de la marque est montée à plus de 350 à 15 h 30). Tout le monde savait à quoi s'attendre, tout le monde n'attendait plus que cette officialisation mais elle laissait sans voix, même après une journée pour s'y préparer. Le communiqué est sobre. Presque sibyllin, et tient en quelques lignes, comme pour magnifier l'info. Il n'y a que ça et rien d'autre. Lewis Hamilton a donc signé avec la Scuderia.

Pour trouver une bombe de cette ampleur, il faut se replonger dans nos souvenirs, creuser loin, très loin même et tomber sur cette information datant de... 2009, lorsqu'un certain septuple champion du monde quittait sa retraite pour revenir au volant d'une... Mercedes. Quinze ans plus tard, nous retrouvons une autre légende de son sport, avec elle aussi sept couronnes et toujours Mercedes, même si cette fois, la firme à l'étoile voit son joyau s'envoler au lieu de le capturer. Michael Schumacher avait construit sa légende à Maranello. Hamilton vient offrir la sienne à Fiorano. L'information mettra du temps à pénétrer les cerveaux tant elle est improbable, voire impensable. Le pilote, marié avec le constructeur allemand depuis plus de dix ans, qui venait de reconduire son contrat pour deux années (du moins le pensait-on), s'en va donc de l'écurie qui lui a permis d'atomiser les records de la F1.

Une réussite pour Vasseur

En attendant, son arrivée à Maranello en 2025 bouleverse totalement l'échiquier de la Formule 1, qui se préparait tranquillement à une mise en route paisible sans se douter que la folie de la *silly season* avec tous ces pilotes en fin de contrat en 2024 aurait son été en hiver afin de répondre à cette secousse tellurique.
Voir le Britannique débarquer à la Scuderia n'a rien de surprenant. Ferrari est le rêve de tout pilote, même ceux – surtout ceux – qui ont tout gagné. Hamilton est le rêve de toute équipe, même la plus grande, surtout que la Scuderia est en reconstruction avec un nouveau patron (Vasseur est arrivé en 2023) qui souhaite un projet solide. Peu de jours avant l'annonce, la reconduction de Charles Leclerc envoyait un signal fort. La signature d'Hamilton en a balancé un second, encore plus costaud.
Pour le patron français, c'est un succès aussi important que la victoire de Carlos Sainz, la seule qui a échappé à Red Bull en 2023, qui lui permet d'asseoir son autorité en Italie et de valider, auprès de ceux qui doutaient encore de ses compétences, la pertinence de son recrutement. On annoncera même un temps Adrian Newey du côté de Maranello, c'est dire...
Comme McLaren qui avait verrouillé son duo avant le début de saison, Vasseur s'est offert de la tranquillité pour sa saison alors que la concurrence allait s'égarer dans ces transferts d'autant plus bouillants que la crise Horner allait éclater avec la possibilité – le rêve ? – que Verstappen quitte Red Bull.
Toto Wolff y perdra de précieuses semaines, concentrant toute son énergie à tenter de fragiliser Red Bull en recrutant le champion plutôt qu'améliorer sa monoplace. Et le marché des transferts sera gelé par ces vaines attentes. Pendant ce temps, Ferrari et McLaren brilleront sur ce début de saison...

Au revoir la Mercedes après douze ans passés à Brackley. Il a la monoplace rouge en ligne de mire.

Fred Vasseur, le boss qui lui a permis de gagner en F3 puis en GP2 sera son prochain patron à la Scuderia.

La guerre des Bulls

Le début du championnat aura été marqué par un combat très violent au sein de l'équipe championne du monde. Une bataille qui, après avoir gravement fragilisé Christian Horner, l'aura vu sortir vainqueur.

Le samiel, ce fort vent du sud qui balaye chaque jour les impuretés du ciel, n'y pouvait rien. Pas plus que l'air iodé et salin de la mer Rouge. Les relents putrides que la Formule 1 aura exhalés durant les trois semaines en Arabie (essais hivernaux, GP de Bahreïn et GP d'Arabie saoudite) auront pourri toute l'excitation que génère d'ordinaire un début de saison. Au contraire, d'un lieu de plaisir, il aura été durant tout ce début de saison un endroit de suspicion et de doutes où la parole et les actes de chacun étaient questionnés et surveillés. Comment expliquer cette sordide ambiance complotiste qui a pesé sur la F1 depuis le 4 février et la révélation de l'enquête pour « comportements inappropriés » contre Christian Horner, le patron de l'écurie Red Bull ? Une seule querelle ne peut justifier à elle seule un tel niveau d'engagement et de violence. Oui, Christian Horner et Jos Verstappen, le père du triple champion du monde, ne s'apprécient guère, mais ils se sont surtout lancés dans une bataille qui les dépasse. Cet horrible début de saison n'était que la conclusion d'une guerre de succession enclenchée avant même le décès de Dietrich Mateschitz, le cofondateur de la marque Red Bull.

Bataille pour prendre le contrôle de Red Bull

Sa succession est envisagée quand il tombe gravement malade à l'été 2022. D'un côté, son héritier Mark – et le clan autrichien – ne souhaite pas reprendre le rôle de son père. Porsche est intéressée par une entrée en Formule 1 et ne dirait pas non à cette opportunité. De l'autre côté, Christian Horner, lui, se verrait bien prendre des parts dans l'équipe qu'il a grandement contribué à construire. Avec le manufacturier allemand, aucune chance d'arriver à ses fins. Soutenu par Chalerm Yoovidhya, le fils de l'autre cofondateur de la marque Red Bull – le Thaïlandais Chaleo Yoovidhya – le Britannique parvient à écarter les Allemands, qui renoncent au projet. Puis, à la mort de « Didi » Mateschitz à l'automne 2022, Horner poursuit sa prise de pouvoir et cherche l'an dernier à balayer les derniers éléments autrichiens de l'équation. Il faut tout l'appui de Max Verstappen pour que Helmut Marko, le conseiller spécial de Red Bull, voie son contrat prolongé malgré ses 80 ans.
Le ver est dans la canette, qui ne demande plus qu'à exploser. Il suffit d'une étincelle. Elle viendra de l'enquête lancée en interne contre le boss, fin décembre 2023, pour « comportements inappropriés » à l'égard d'une employée, en l'occurrence son assistante personnelle. Il faut attendre début février pour que l'affaire éclate au grand jour dans un grand quotidien néerlandais, *De Telegraaf*. Cette déflagration n'empêche aucunement Christian Horner de se présenter devant la presse pour le show du lancement à l'usine quelques jours plus tard, afin de célébrer les vingt ans de l'écurie.

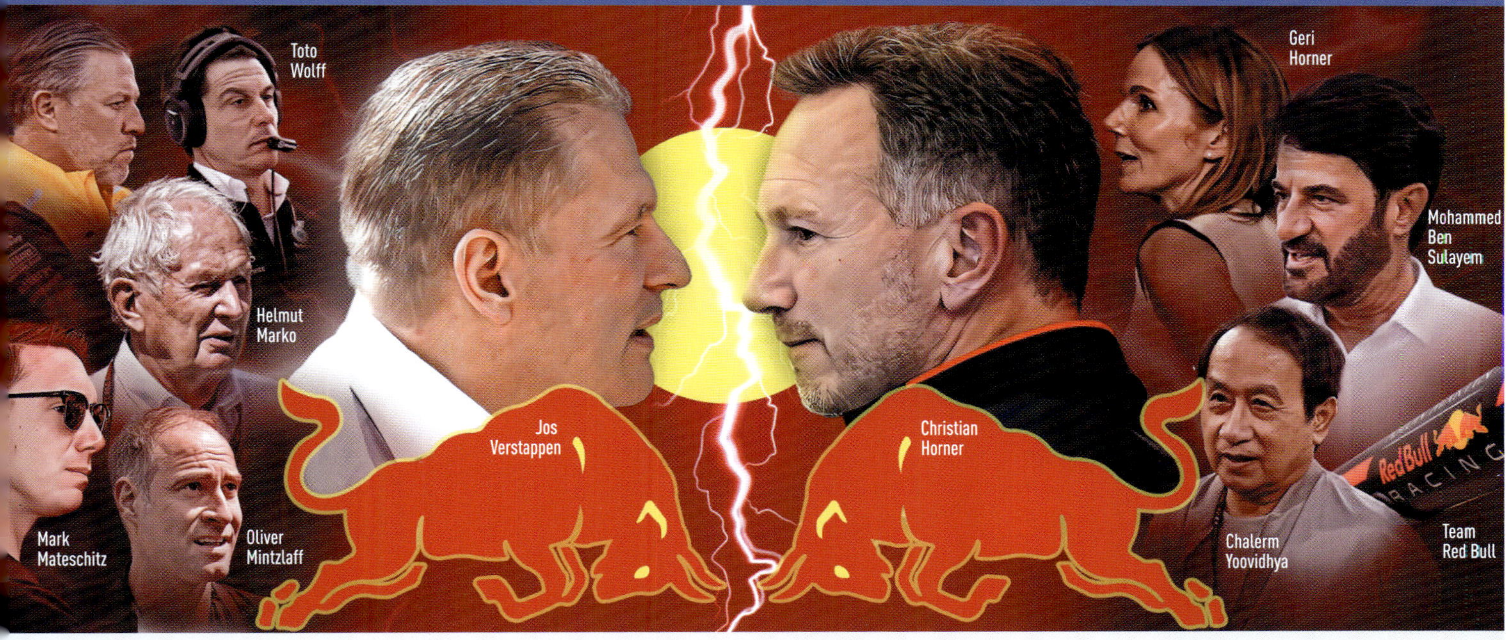

Ben Sulayem au soutien de Horner

Au lendemain de ce spectacle, où le Britannique a occupé beaucoup d'espace, une nouvelle onde de choc est venue un peu plus fissurer la statue de Horner quand le quotidien batave a affirmé avoir eu accès à des textos à caractère sexuel. L'ensemble de la presse aura, elle aussi, le droit de plonger dans ces conversations embarrassantes et sordides le soir des premiers essais du GP de Bahreïn. Horner vacillera, mais le patron de Red Bull restera debout, soutenu par son épouse débarquant d'Angleterre en grande pompe le jour de la course. Face à cette résistance, Jos Verstappen a dû sortir du bois, s'afficher avec Toto Wolff après la course et lâcher une nouvelle attaque dans un quotidien britannique, alors que sportivement l'écurie n'avait jamais commencé aussi fort (un doublé sans discussion). Une ultime attaque vaine. Le samedi de Bahreïn, Chalerm Yoovidhya, qui détient 51 % de Red Bull, et donc seul décisionnaire, est venu en urgence soutenir Christian Horner. Derrière les deux, l'équipe de course, qui a toujours apprécié le management de l'Anglais, ainsi que le président de la Fédération internationale de l'automobile (FIA), Mohammed Ben Sulayem, venu – fort peu discrètement – parler à Max Verstappen en faveur de Horner. Face au clan britannico-thaïlandais, le camp autrichien de Mark Mateschitz, dont la marque Red Bull est basée à Salzbourg et les usines d'embouteillage dans le Vorarlberg, une région limitrophe du Tyrol, auront en vain tout tenté. Les deux PDG de l'entreprise, Oliver Mintzlaff et Franz Watzlawick, seront d'ailleurs convoqués à Djeddah la semaine suivante pour afficher, contraints et forcés, leur soutien à Horner. Le boss allemand de Red Bull, Oliver Mintzlaff, ne combattra plus. Il reviendra même en mai, à Miami, éteindre les dernières braises que Toto Wolff et Zak Brown auront tenté de ranimer durant des semaines, pour attirer Max Verstappen et semer la zizanie au sein de l'équipe aux taureaux qui donnent des ailes : « Je comprends la pression que Toto Wolff et peut-être d'autres écuries endurent après des années passées derrière nous, mais je crois qu'il devrait se concentrer sur ses propres défis. Il en a suffisamment. » Le combat des Autrichiens et de Jos était définitivement perdu ; la guerre terminée. Horner a gagné.

« Je comprends la pression que Toto Wolff endure après des années passées derrière nous, mais je crois qu'il devrait se concentrer sur ses propres défis. »

Oliver Mintzlaff

ORACLE

L'insolente domination

Max Verstappen a tout écrasé lors de la reprise. Malgré la crise interne, Red Bull et le champion du monde semblaient encore imbattables.

De la nuit d'Abu Dhabi 2023 à celle de Bahreïn 2024, la domination de Verstappen est restée la même.

Ce mariage reste magnifique et il semblait parti pour durer. Pourquoi briser ce couple qui s'est si vite trouvé et qui ne demande rien d'autre que de poursuivre cet instant qu'il souhaite éternel ? Lui, pas nous. Car l'union Max Verstappen – Red Bull est une plaie, un cauchemar même, pour les amoureux du suspense et du changement. Du moins, c'est ce que l'on a pensé après cette première course.
À la vue de l'impressionnante démonstration, pourquoi Max aurait-il quitté le nid ? Même les approches très peu discrètes de Toto Wolff auprès du paternel, Jos, n'y changeront rien.
Le triple champion du monde aurait-il envie de partir de cette équipe qui fournit une arme de domination absolue et lui offre un plaisir tellement visible quand son sourire, autrefois si rare, vient éclairer le paddock lorsqu'il quitte son baquet ? En cette ouverture de championnat, Verstappen était un homme heureux… de rendre malheureux tous les autres. On ne peut pas l'en blâmer, pas plus qu'il faut accabler l'ingénieur français Pierre Waché et ses troupes d'avoir inventé une machine qu'on imaginait aussi diabolique que sa devancière. À l'époque, elle n'avait pas encore montré ses faiblesses.
La RB19 était une fusée qui aura fessé la concurrence tout au long de 2023 ; la RB20 paraissait être faite à la même aune, le Néerlandais concassant à Sakhir l'ensemble du plateau, même Sergio Perez. Sur cette course, c'est bien simple, on ne l'a pas vu. Hormis au départ et à l'arrivée, la réalisation télé préféra chercher un peu d'action ailleurs. En vain. Sans l'insolente cavalcade de Carlos Sainz, premier des autres et troisième sur le podium, il n'y aurait pas eu grand-chose à se mettre sous la dent que cette hallucinante vadrouille dans la rocaille. Car la Red Bull pilotée par le Néerlandais est tout simplement la voiture qui tient le plus longtemps ses pneus tout en allant le plus vite. Oui, les amoureux vivaient d'air frais puisqu'il n'y avait personne devant mais tout de même, ils ont collé une seconde au tour en s'offrant trois tours de plus lors du premier relais sur Sainz et cinq sur Charles Leclerc et George Russell. La Red Bull pilotée par Verstappen était alors la monoplace la plus rapide, capable de claquer un 1'32" en pneus frais quand les autres s'époumonent péniblement en 1'34". Oui, ces vieux époux l'ont fait en gommes tendres quand la concurrence les avait cramées en qualification mais ils avaient eu l'intelligence économe de les préserver, au cas où…

La Red Bull du Néerlandais va très vite s'envoler laissant Ferrari (ici celle de Leclerc) et Mercedes (ici celle de Russell) loin derrière.

Ils ont les meilleurs concepteurs, les meilleurs ingénieurs et le meilleur pilote, celui qui est capable de s'offrir un grand chelem (pole, victoire, tous les tours en tête et meilleur tour) pour débuter la saison, comme Jim Clark, le recordman en la matière (8), en 1965, comme Alberto Ascari en 1953 ou comme Michael Schumacher en 2004. Dans les trois cas, ces légendes avaient survolé le championnat, cette année-là.

« Je ne crains pas pour mon avenir. Nous sommes une équipe fabuleuse, dirigée par de grands patrons et qui bénéficient de beaucoup de soutiens. »

Christian Horner

L'affaire Horner comme seule ombre au tableau

Impossible même de s'appuyer sur d'éventuelles défaillances dans l'écurie des champions. Un début de saison offre toujours quelques pétouilles qui nécessitent des réglages. La Ferrari de Leclerc connut des problèmes de frein ; les Mercedes de Russell et Hamilton, des soucis de batterie ; la Sauber de Valtteri Bottas, d'écrou de roue ; et la Williams d'Alex Albon, d'écran au volant (une nouveauté dans l'équipe).
Chez Red Bull, rien, nada, que tchi. Ah ! si, un minuscule pépin de radio sur le casque de l'ingénieur de… Perez. Autant dire que tout va pour le mieux dans le meilleur des mondes. Enfin presque. Les soucis viendront plus tard. Le cas Christian Horner et les révélations anonymes sur ses échanges personnels restent encore présents. Il

y avait d'ailleurs foule à sa conférence d'après-course, bien plus que d'ordinaire. Et ce, malgré le débarquement express de son épouse, Geri Halliwell, le matin, main dans la main avec son chéri devant les caméras. « Je ne crains pas pour mon avenir, répétera Horner ce soir-là. Nous sommes une équipe fabuleuse, dirigée par de grands patrons et qui bénéficient de beaucoup de soutiens. » Le copropriétaire thaïlandais de Red Bull, Chalerm Yoovidhya, était d'ailleurs également au pied du podium au côté de l'ex-Spice Girl, histoire d'appuyer les propos du Britannique.
Alors pourquoi Max Verstappen partirait-il ? « Les gens qui s'aiment ont le même regard d'un seul désir pour deux », écrit William Sheller. Et même s'ils ne s'aiment plus, le Néerlandais et Horner partagent encore cette insatiable soif de victoire étanchée à cette source fraîche, mélange du talent de l'un associé à la voiture de l'autre.

Le patron de Red Bull est arrivé le samedi de la course en compagnie de son épouse Geri Halliwell.

À l'arrivée, les deux clans qui s'opposent étaient présents pour célébrer le champion vainqueur. À gauche, le propriétaire thaïlandais À droite, Raymond Vermeulen, le manager des Verstappen.

Grand Prix 1/24 Résultats

Xᵉ/ Position sur la grille
*Meilleur tour

Pos.	Pilote	Écurie	Grille	Gain	Temps/Écart
1er	M. Verstappen (HOL)	Red Bull	1re	+25 (+1)	1 h 31'44"742 (moy. : 201,582 km/h) *1'32"608 au 39e tour
2e	S. Perez (MEX)	Red Bull	5e	+18	à 22"457
3e	C. Sainz (ESP)	Ferrari	4e	+15	à 25"110
4e	C. Leclerc (MCO)	Ferrari	2e	+12	à 39"669
5e	G. Russell (GBR)	Mercedes	3e	+10	à 46"788
6e	L. Norris (GBR)	McLaren-Mercedes	7e	+8	à 48"458
7e	L. Hamilton (GBR)	Mercedes	9e	+6	à 50"324
8e	O. Piastri (AUS)	McLaren-Mercedes	8e	+4	à 56"082
9e	F. Alonso (ESP)	Aston Martin-Mercedes	6e	+2	à 1'14"887
10e	L. Stroll (CAN)	Aston Martin-Mercedes	12e	+1	à 1'33"216

Pilotes

Après 1 GP sur 24	Pts	BAH 2/3
1. Verstappen (HOL)	26	25 +1
2. Perez (MEX)	18	18
3. Sainz (ESP)	15	15
4. Leclerc (MCO)	12	12
5. Russell (GBR)	10	10
6. Norris (GBR)	8	8
7. Hamilton (GBR)	6	6
8. Piastri (AUS)	4	4
9. Alonso (ESP)	2	2
10. Stroll (CAN)	1	1

crypto.com

Insubmersible et soporifique

Red Bull continue de martyriser en piste la concurrence, même si la crise perdure en coulisses. Neuvième victoire d'affilée pour Verstappen, devant Sergio Perez.

Sur le circuit de la Corniche, la Red Bull de Verstappen a encore tout écrasé sur son passage.

L'écurie autrichienne pourrait devenir parisienne. Non, ce n'est pas la dernière folie de Red Bull pour continuer à faire parler d'elle, même si dans les violentes turbulences que l'équipe rencontre, nous ne sommes désormais plus à l'abri de telles lubies. Red Bull, comme la plus belle ville du monde, tangue mais ne coule pas. Du golfe Persique à la mer Rouge, en dépit des bouillonnantes tempêtes, des vents contraires et des tirs croisés, l'armada bleue poursuit son invincible avancée. Deux courses, deux doublés sans aucune contestation. Ou alors à peine.

Tout juste pourra-t-on regretter pour ces intouchables champions qu'ils aient malencontreusement laissé échapper le point du meilleur tour à la Ferrari de Charles Leclerc. Ça, c'est sur la piste. La RB20, aux mains de Verstappen, fut encore hallucinante. Ce succès lui offre sa neuvième victoire d'affilée (Singapour 2023 est le dernier GP à lui avoir échappé) à une unité du record, qu'il détient déjà. Avec son triomphe à Djeddah, Red Bull (115 victoires) s'est offert le scalp de Williams (114) en termes de succès. Sans la seule bévue de 2023 à Marina Bay et la brillante prestation de Ferrari (Sainz s'était imposé), le champion néerlandais en aurait enquillé vingt de suite...

La réponse glaciale de Verstappen à Horner

Ça, c'est donc sur la piste où, une fois encore, il n'y eut rien à dire. Parce qu'en dehors, l'affaire continuait de faire causer. Le traditionnel discours de remerciement du boss, Christian Horner, fut salué d'une réponse glaciale, courte et distante. « Oui, super boulot de toute l'équipe », lâchera froidement l'impressionnant Verstappen. La veille, il était allé défendre son ami et mentor Helmut Marko. Cette fois, c'était pour la paix dans la famille qu'il se battait. Le matin, Oliver Mintzlaff avait vu le consultant de l'écurie, loin des caméras. Apparemment et selon l'Autrichien, qui s'en est vanté dans le paddock avant le départ, le big boss allemand de Red Bull lui a confirmé son maintien.

Pas de mise à l'écart pour trop parler aux médias ou leur donner des infos de première bourre, comme tout le monde le pensa durant cette semaine en Arabie. Pas

Helmut Marko, en danger, a vu le nouveau patron de Red Bull, Oliver Mintzlaff, venir le confirmer dans ses fonctions.

plus de démission pour ouvrir la porte au départ du petit génie intouchable, capable de se payer une course virtuelle sur Twitch à cinq heures du départ d'un très exigeant GP sur le plan physique.

« Chacun essaye d'aller dans la même direction. »

Max Verstappen

Tout rentrerait donc dans l'ordre dans la maison Red Bull malgré les bourrasques arabiques qui l'ont frappée ces trois dernières semaines. Même Geri Halliwell, Madame Horner, était de retour pour célébrer le retour à la normale. Comme si de rien n'était. Comme si cette équipe ne pouvait fauter, pensait-on. « Le plus important, c'est que nous travaillions ensemble et que la paix règne, et c'est ce qui se passe, répondait d'ailleurs Verstappen lorsqu'on lui demandait s'il pouvait quitter Red Bull. Chacun essaye d'aller dans la même direction. »

Pour les diplômés du Quai d'Orsay, la phrase ne répond pas totalement à celle d'Horner, qui voyait dans ce second doublé la preuve que « l'équipe n'était aucunement atteinte (par la crise) et travaillait dans l'unité ». Le Néerlandais de 26 ans a utilisé le verbe « essayer », laissant une sombre porte ouverte sur de nouveaux développements à cette affaire qui n'en finit jamais de rebondir et atteint ce week-end les tréfonds d'un marigot méphitique. Une guerre civile à laquelle se livrent les deux camps, même si Horner a nié son existence tout en menant son combat pour faire taire toute résistance interne.

En ce début de saison, plutôt que de subir des pensums léthargiques pour les spectateurs comme pour les pilotes, on préférait se régaler hors piste de ces tensions internes.

Dans la nuit d'Arabie, personne n'a pu inquiéter le champion et sa Red Bull qu'on imaginait repartis pour une domination semblable à 2023.

Rookie

La révélation Bearman

Avec Sainz victime d'une appendicite, c'est le jeune Anglais qui a débuté en Grand Prix et marqué les esprits (7e). Sa place chez Haas pour 2025 était déjà assurée, mais il ne le savait pas encore. Imaginez : débuter un week-end de course en F2, y signer la pole et devoir, au pied levé, l'abandonner pour retourner faire des qualifications, mais en F1 cette fois. C'est ce genre de rêve qu'a vécu le jeune Britannique Oliver Bearman à Djeddah. Un rêve qui aurait pu tourner au cauchemar pour quelqu'un d'un peu fragile. Mais le gamin n'a pas tremblé. Devant son garage, au moment de s'installer, il rigolait devant tous les photographes venus guetter son angoisse. À l'arrivée, il a devancé à la régulière ses compatriotes Lando Norris (8e) et Lewis Hamilton (9e). « Je peux être très fier », répétait le rookie de 18 ans. Et c'est d'ailleurs le maître, Sir Lewis, qui est venu l'adouber, tout comme il le fera avec Norris à Miami un peu plus tard dans la saison. « Il a marqué des points d'entrée pour son équipe, indiquait le pilote Mercedes. C'est un super pilote, il a accompli un super boulot. »
C'est d'ailleurs ce que disait le boss. « Il n'avait jamais pris de départ, ni fait d'arrêt au stand, ni appris toutes les procédures de la course, j'avais un peu peur qu'il connaisse un souci, et il a tout maîtrisé, félicitera Fred Vasseur. Il a réalisé un travail exceptionnel. Il n'a pas touché un mur. »

Grand Prix 2/24 **Résultats**

Xe/ Position sur la grille
*Meilleur tour

1er **+25** 1er/ — **M. Verstappen** (HOL) Red Bull — **1h20'43"273** (moy. : 229.5 km/h)

2e **+18** 3e/ — **S. Perez** (MEX) Red Bull — à 13"643

3e **+15** 2e/ — **C. Leclerc** (MCO) Ferrari — à 18"639 — **+1** — *1:31.632 au 50e tour

4e **+12** 5e/ — **O. Piastri** (AUS) McLaren-Mercedes — à 32"007

5e **+10** 4e/ — **F. Alonso** (ESP) Aston Martin-Mercedes — à 35"759

6e **+8** 7e/ — **G. Russell** (GBR) Mercedes — à 39"936

7e **+6** 11e/ — **O. Bearman** (GBR) Ferrari — à 42"379

8e **+4** 6e/ — **L. Norris** (GBR) McLaren-Mercedes — à 45"708

9e **+2** 8e/ — **L. Hamilton** (GBR) Mercedes — à 47"391

10e **+1** 15e/ — **N. Hülkenberg** (ALL) Haas-Ferrari — à 1'16"996

Pilotes

APRÈS 2 GP SUR 24	Pts	ARS 9/3
1. Verstappen (HOL)	51	25
2. Perez (MEX)	36	18
3. Leclerc (MCO)	28	15
4. Russell (GBR)	18	8
5. Piastri (AUS)	16	12
6. Sainz (ESP)	15	-
7. Alonso (ESP)	12	10
8. Norris (GBR)	12	4
9. Hamilton (GBR)	8	2
10. Bearman (GBR)	6	6

AUS GP
2024
CARLOS P1
CHARLES P2

La Vasseur ajoutée

Le patron de Ferrari œuvre patiemment à reconstruire la Scuderia. Et ça marche : Carlos Sainz s'est imposé à Melbourne devant son équipier. La contre-attaque peut commencer.

Toute la Scuderia célébrait le doublé de ses pilotes Sainz et Leclerc. Même son patron Fred Vasseur (derrière l'Espagnol).

L'être humain est ainsi fait qu'il n'est jamais satisfait. Il demande toujours mieux. Voir l'ogre Max Verstappen être victime d'une panne mécanique pour la première fois depuis deux ans (Australie 2022) aurait dû combler tout amoureux de la Formule 1 désireux de changement. Et pourtant, on en vient à regretter que l'issue ne se soit pas décidée en piste.

Car, même à la régulière, il n'est pas certain que le triple champion du monde aurait écrasé la course comme il l'a fait lors des deux premiers Grands Prix de la saison. Les Ferrari de Carlos Sainz et Charles Leclerc avaient les armes pour combattre à la régulière l'avion de chasse fabriqué par Red Bull à Milton Keynes. Et, forcément, on aurait aimé voir comment Verstappen se serait défendu face à ces deux torpilles ciselées depuis maintenant deux ans à Maranello. La SF-24 n'est pas encore au niveau de la RB20 – quand le Néerlandais est au volant – mais elle peut rivaliser avec. Car la Scuderia ne commet plus de faute et l'équipe de Milton Keynes, poussée dans ses retranchements, en fait désormais. Ce week-end-là, une erreur de montage des écopes de frein coûtera cher à Verstappen.

La liberté de prendre des risques

Après les années de marasme du Covid, la Scuderia s'est reconstruite dans le calme, sous la direction de Frédéric Vasseur, arrivé à la tête de l'écurie début 2023. Carlos Sainz, lui, est devenu un monstre de sérénité et d'opportunisme. Qui aurait misé un euro sur l'Espagnol il y a quinze jours, lorsqu'il boitait bas dans le paddock au lendemain de son appendicectomie à Djeddah ? Jeudi, l'Espagnol déclarait même ne pas être « à 100 % ». Et c'est aussi ainsi qu'il justifia son tour loin d'être parfait samedi, où il avait manqué la pole pour près de trois dixièmes.

C'est pourtant grâce aux efforts déployés lors des essais de vendredi que ce Grand Prix s'est gagné. « Lors des EL2, on a beaucoup travaillé sur le graining (perte d'adhérence des pneumatiques liée à une dégradation de la gomme en surface), expliquait un Frédéric Vasseur bien plus détendu à l'arrivée qu'au départ, deux heures plus tôt. Et c'était important pour Carlos de rouler au maximum. » La méthode Vasseur est faite de petits détails, comme cette ceinture de mousse installée dès le jeudi pour protéger du harnais les cicatrices de l'opéré et limiter la douleur. Sainz a donc pu tourner, s'acclimater et... gagner.

La méthode Vasseur, c'est aussi offrir – dans un cadre – la liberté à chacun de prendre des risques. Certes, Leclerc a très vite été rappelé (dès le tour 25) à son devoir d'équipier afin d'offrir à la Scuderia son premier doublé depuis Bahreïn 2022 mais il a eu le droit,

Les freins de la Red Bull de Verstappen sont en train de lâcher, les Ferrari vont pouvoir s'envoler et signer leur premier doublé depuis Bahreïn 2022.

comme à Djeddah, de claquer le point du meilleur tour. « Quand on a l'opportunité de remporter une course, il faut la saisir, résumait le Monégasque pour expliciter la méthode Vasseur, lui qui connaît son patron depuis des années. Carlos l'a fait, il a été le meilleur ce week-end. Et moi, j'ai pris le point du meilleur tour. On a maximisé les points. » Au classement des pilotes, en quittant l'Australie, le Monégasque ne pointait plus qu'à quatre longueurs du leader.

La méthode Vasseur, c'est encore savoir détendre l'atmosphère, comme il sait si bien le faire avec cet air bonhomme qui a séduit le paddock. C'est plaisanter avec le paternel Sainz, forcément tendu pour son fiston tout au long du week-end, afin que son stress ne déteigne pas sur le pilote. Le procédé tint bon jusqu'au podium, où le rallyman en larmes finit par craquer. Pas grave, le fils avait triomphé. Comme à Singapour en septembre 2023.

Rendre la Scuderia attractive

Ceux qui pensaient que la méthode du patron français consistait à tout faire en faveur de Leclerc, le pilote monégasque, en sont donc pour leurs frais. Voilà deux fois en six mois que Sainz a la possibilité de gagner et que les consignes le lui permettent, même s'il sera remercié en fin de saison, remplacé par Hamilton en 2025. « Nous avions convenu avec Carlos, lorsque je lui ai annoncé la nouvelle, qu'il fallait tout donner jusqu'au dernier tour du dernier GP, comme toute l'équipe », livrait Vasseur.

Une directive parfaitement mise en musique par l'Espagnol, trop content de se placer dans l'actualité. « C'est tout le début de l'année qui est compliqué, expliquait-il avec la même lucidité qu'il a désormais au volant. Il y a d'abord eu le non-renouvellement du contrat. J'ai fait le podium à Bahreïn et puis l'opération à Djeddah. Même si j'ai l'impression d'être sur des montagnes russes, cette victoire fait du bien. »

> **« Cette victoire fait du bien. »**
>
> **Carlos Sainz**

La méthode Vasseur, c'est enfin rendre la Scuderia attractive. Le regard d'Hamilton dans son garage après le succès de ce qui sera sa voiture l'an prochain, alors

que le moteur de sa Mercedes avait rendu l'âme, en disait long sur les envies du paddock de rejoindre Maranello. Dans l'ombre, le Français continuait d'ailleurs de négocier pour attirer des noms, discutant à l'époque avec Adrian Newey avant de ne pas donner suite.
La méthode Vasseur, c'est encore savoir s'amuser. Dans l'avion qui partait dès la fin de la course pour l'Europe via Dubaï, toute l'équipe mit le feu à l'A380 d'Emirates, transformant le bar de la business en une discothèque volante où le patron servait lui-même les gin tonic aux passagers de l'avion, même à ceux qui ne portaient pas la chemise Ferrari.
Sa méthode est finalement simple et tient en peu de mots. « On ne saura jamais si nous aurions pu nous battre avec Max, concluait de façon badine le patron de la Scuderia. Mais je vois que nous avons beaucoup progressé. La voiture est plus facile à régler parce que plus régulière. Les pilotes ont plus confiance et poussent plus. Du coup, on met la pression sur Red Bull. Et on les amène peut-être à faire des fautes. » Il y en aurait d'autres, mais ça, il ne le savait pas encore...

C'est la première fois que l'Espagnol s'impose à Melbourne.

Sainz connaît la bonhomie de son patron qu'il avait déjà testée lors de sa victoire à Singapour en 2023. Rebelote en 2024.

Grand Prix 3/24 Résultats

Xe/ Position sur la grille
*Meilleur tour

Pos.	Pts	Grille	Pilote	Écurie	Écart
1er	+25	2e	C. Sainz (ESP)	Ferrari	1h20'26''843 (moy. : 228.3 km/h)
2e	+18 (+1)	4e	C. Leclerc (MCO)	Ferrari	à 2''366 — *1:19.813 au 56e tour
3e	+15	3e	L. Norris (GBR)	McLaren-Mercedes	à 5'904
4e	+12	5e	O. Piastri (AUS)	McLaren-Mercedes	à 35''770
5e	+10	6e	S. Perez (MEX)	Red Bull	à 56''309
6e	+8	9e	L. Stroll (CAN)	Aston Martin-Mercedes	à 1'33''222
7e	+6	8e	Y. Tsunoda (JAP)	Racing Bulls-Red Bull	à 1'35''601
8e	+4	10e	F. Alonso (ESP)	Aston Martin-Mercedes	à 1'40''992
9e	+2	16e	N. Hülkenberg (ALL)	Haas-Ferrari	à 1'44''553
10e	+1	14e	K. Magnussen (DAN)	Haas-Ferrari	à 1 tour

Pilotes

APRÈS 3 GP SUR 24	Pts	AUS 24/3
1. Verstappen (HOL)	51	-
2. Leclerc (MCO)	47	18 +1
3. Perez (MEX)	46	10
4. Sainz (ESP)	40	25
5. Piastri (AUS)	28	12
6. Norris (GBR)	27	15
7. Russell (GBR)	18	-
8. Alonso (ESP)	16	4
9. Stroll (CAN)	9	8
10. Hamilton (GBR)	8	-

Lenovo

Les empires contre attaquent

Après son abandon en Australie, le Néerlandais a renoué avec la victoire. Mais derrière Red Bull, Ferrari et McLaren sont en pleine renaissance.

La rébellion contre Red Bull s'intensifie.
Avec les Ferrari, il faut désormais compter sur McLaren en plein renouveau.

Le concept fut inventé par Héraclite, développé par Friedrich Nietzsche et appliqué à la lettre par Max Verstappen, même si l'on n'est pas certain que le Néerlandais soit féru des philosophes présocratiques ou adepte de la pensée nietzschéenne. Ce concept, c'est celui de l'éternel retour. Et la démonstration réalisée par le triple champion du monde a effacé le rêve austral de Melbourne où les Ferrari avaient profité de l'abandon de la Red Bull n° 1 pour se placer aux avant-postes. À Suzuka, la F1 est revenue à son triste ordinaire. Qu'importe que les cerisiers fleurissent ou que les typhons menacent, que ce soit en octobre ou en avril, Verstappen est intraitable sur la piste de Honda. Sans souci mécanique, il s'est donc envolé, promené et a facilement gagné. Fin de l'histoire. La RB20 restait alors aux mains du maître néerlandais imbattable.... Son équipier, Sergio Perez, en instance de renouvellement de contrat, s'est montré bien plus à son avantage qu'en Australie, ne prenant qu'une modeste valise (une douzaine de secondes tout de même).
Derrière, en revanche, ce Grand Prix a dessiné une nouvelle hiérarchie, affirmant la renaissance de deux grands anciens qui reviennent, course après course, sur le devant de la scène. Ferrari et McLaren ont entamé leur remontée au Japon. Ils étaient loin derrière Verstappen mais on fut alors averti que la saison ne serait pas aussi monotone que la précédente.

Ferrari retrouve des couleurs

La démonstration réalisée par les troupes de Maranello a été impressionnante, aussi bien sur le plan des stratégies employées (différentes pour ses deux pilotes) que de la gestion des gommes en course. À l'exemple de Charles Leclerc – qui a passé sa course à gérer ses pneus, que ce soit en medium ou en dur avec un seul arrêt – et dont la méthode lui a permis de passer de la 8e place sur la grille à la 4e à l'arrivée.
Reste à effacer la faiblesse de l'équipe italienne, sa force de l'an dernier: les qualifications. Surtout pour le Monégasque. « Je crois que c'est la première fois de ma carrière que je vais devoir me pencher sur mes samedis, reconnaissait-il dans un sourire un peu jaune. Mais quand je travaille, normalement ça marche vite. » Un exercice en particulier qu'il faudra bosser sur la SF-24, la mise en température des pneus, et qui leur coûtera cher plus tard dans la saison (au Canada particulièrement).

McLaren en perte de rythme

En six mois, les monoplaces de Woking ont quelque peu reculé. La faute à ces fichues Ferrari, lesquelles ont musclé leur jeu sur ces circuits rapides qui étaient la force de McLaren. Les hommes d'Andrea Stella ont pourtant parfaitement joué le coup, se servant d'un malheureux Oscar Piastri comme d'un bouchon pour tenter de ralentir Carlos Sainz et sauver le podium de Norris.

Le Japon a quitté l'automne pour se retrouver, au calendrier, en début d'année. L'époque où les bourgeons de cerisiers éclosent.

La MCL 38 est devenue ce jour-là une candidate à la victoire, Lando Norris et Piastri de très sérieux prétendants au podium.

Le vert d'Aston Martin pâlit

En 2023, le début de saison s'était coloré de vert. Aux mains d'un renaissant Fernando Alonso, l'Aston Martin brillait aux côtés des Red Bull, et l'Espagnol avait pris ses habitudes sur le podium. Le voilà un peu rentré dans le rang. La voiture de 2024 est bien moins impressionnante que l'an passé. Même avec un pilote comme le double champion du monde, briller devient difficile, d'autant que dans l'autre partie du garage, son équipier Lance Stroll souffre de plus en plus de la comparaison (surtout en qualifications).

Le redoutable ou machiavélique taureau des Asturies a tout de même encore une fois utilisé toute sa science de la course pour préserver sa 6e place en offrant son DRS au jeune Australien Piastri, qui fêtait samedi son anniversaire (23 ans), afin d'empêcher George Russell de revenir sur lui.

Mercedes toujours déboussolé

Comme pour Red Bull qui écrase tout, week-end après week-end, les discours de Mercedes se suivent et se ressemblent sans que la performance n'arrive à justifier les pieux discours. Les ingénieurs de Brackley continuent de se noyer dans leurs chiffres et de ne pas comprendre pourquoi leurs ordinateurs leur affirment que la W15 a de l'appui alors que les chronos au tour les envoient dans le décor ou plutôt dans le triste anonymat des petits.

Au Japon, le patron Toto Wolff a voulu positiver. « Notre premier relais est mauvais car nous avons essayé de ne faire qu'un arrêt et nos pilotes devaient préserver leurs gommes, expliquait-il. Lorsque nous avons décidé de pousser en fin de course, nous étions clairement dans le rythme. » Pas suffisamment pour éviter au malheureux Lewis Hamilton l'humiliation du dépassement au très délicat 130 R par Verstappen et Perez. Au Japon, Red Bull et Verstappen sont vraiment devenus imbattables.

À domicile

Le bourgeon Tsunoda

On ne pouvait pas le louper, il était partout. Yuki Tsunoda fait évidemment l'objet d'un culte dans son pays. Lui, le protégé de Honda, est une idole à Suzuka, siège de la piste d'essai du constructeur japonais. Une tribune entière, en bas de la ligne droite, lui était d'ailleurs dédiée, avec d'immenses portraits du minuscule pilote. Dans les stands du circuit, les t-shirts, casquettes et autres colifichets frappés des idéogrammes à son nom avec ou sans Sakura, ces babioles qui font le bonheur des Japonais – et des marchands du temple – faisaient plus que recette. Le moindre geste du Japonais était scruté et célébré. Applaudi après avoir quitté son stand pour la mise en grille, qu'allait-il se passer s'il se mettait à briller ? Ses compatriotes sont bien moins exubérants que lui, alors il n'y eut pas de sauteries au saké à l'arrivée. Pourtant sa course fut impressionnante, même si le pilote qualifié dixième terminera à la même position. Ses dépassements, à l'extérieur des esses, sont l'œuvre d'un maître tant l'exercice est, dans ces enchaînements ultra rapides, piégeux et dangereux. Ajoutez-y un magnifique arrêt qui permit à Tsunoda de gagner deux places, et vous comprendrez sa joie à l'arrivée, d'autant que, pour une fois, le Japonais originaire de la lointaine banlieue de Tokyo, fut bien

moins colère que d'ordinaire. « Cette dixième place, peut-être que je ne devrais pas le dire comme ça mais j'ai l'impression d'avoir fini premier, s'enthousiasmait-il. Les pit-stop étaient très rapides et j'ai repris la piste devant mes concurrents directs à un moment important. Donc bravo à l'équipe mais aussi aux fans japonais ! Tout le week-end, l'énergie que j'ai pu recevoir grâce à eux, c'est un sentiment spécial. On était mieux que les autres dans le premier secteur donc j'avais la confiance de tenter des attaques à l'extérieur (du virage 6). Ça me rappelle quand Kamui fait des dépassements au virage 11. »
Après la course, contrairement à Kobayashi, il n'y eut pas de démonstration de transpalette, comme en 2012. Le pilote Sauber avait, il est vrai, terminé sur le podium. Tsunoda, lui, s'inscrit comme la force de Racing Bulls, avec qui il resignera début juin lors du GP du Canada.

Alonso
a retrouvé un peu de couleurs à Suzuka.

Grand Prix 4/24 **Résultats**

Xᵉ/ Position sur la grille
*Meilleur tour

1er +25 — 1er/ **M. Verstappen** (HOL) Red Bull +1

1h54'23''566
(moy. : 271 km/h)
*1'33''706 au 50ᵉ tour

2e +18 — 2e/ **S. Perez** (MEX) Red Bull à 12''535

3e +15 — 4e/ **C. Sainz** (ESP) Ferrari à 20''866

4e +12 — 8e/ **C. Leclerc** (MCO) Ferrari à 26''522

5e +10 — 3e/ **L. Norris** (GBR) McLaren-Mercedes à 29''700

6e +8 — 5e/ **F. Alonso** (ESP) Aston Martin-Mercedes à 44''272

7e +6 — 9e/ **G. Russell** (GBR) Mercedes à 45''951

8e +4 — 6e/ **O. Piastri** (AUS) McLaren-Mercedes à 47''525

9e +2 — 7e/ **L. Hamilton** (GBR) Mercedes à 48''626

10e +1 — 10e/ **Y. Tsunoda** (JAP) Racing Bulls à 1 tour

Pilotes — Après 4 GP sur 24	Pts	JAP 7/4
1. Verstappen (HOL)	77	25 +1
2. Perez (MEX)	64	18
3. Leclerc (MCO)	59	12
4. Sainz (ESP)	55	15
5. Norris (GBR)	37	10
6. Piastri (AUS)	32	4
7. Russell (GBR)	24	6
8. Alonso (ESP)	24	8
9. Hamilton (GBR)	10	2
10. Stroll (CAN)	9	-

Lenovo 联想 Smarter technology for all Lenovo 联想
PIRELLI
DHL
Lenovo

Chine, retour gagnant

Après cinq ans d'absence, Shanghai a fait son retour au calendrier. La sensation est venue des spectateurs : les Chinois aussi sont conquis par la Formule 1.

Absent du calendrier depuis 2019, le circuit de Jiading signe son retour avec des tribunes pleines. La F1 connaît aussi le succès en Chine.

Dès le jeudi, la foule était au rendez-vous. Du jamais vu à Jiading qui accueille pourtant la F1 depuis vingt ans. Oui, cela fait vingt ans que la Chine a découvert la Formule 1. Et cela faisait quinze ans que la Chine se moquait d'elle. Cette piste pharaonique aux tribunes démentielles sonnait vide, bien plus vide que cette ville nouvelle qui, elle, a grandi au point d'offrir désormais un gigantesque mur de béton au loin, derrière la ligne droite des stands.
En 2004, il n'y en avait guère qu'un ou deux. Désormais Jiading est sévèrement peuplée. Ce « petit » quartier situé au nord de Shanghai affiche un modeste million et demi d'habitants. Alors voir, même si les voitures ne tournent pas, débarquer une foule attentionnée et passionnée n'était finalement pas si surprenant.
« C'est ce qui m'a le plus marqué, commentait l'Espagnol Carlos Sainz. On sent, à l'hôtel ou en se baladant dans les rues de Shanghai, qu'il y a beaucoup plus de gens qui s'intéressent à la F1 qu'en 2019. » Le Covid et les cinq années d'absence ont tout changé. Désormais, il y a même un Chinois qui roule. Et ce n'est plus Lewis Hamilton qui écrase tout sur son passage mais son successeur, Max Verstappen.
Il n'avait jamais gagné ici. Voilà chose faite. Il l'a même fait deux fois, le samedi (en sprint) et le dimanche sans que rien ne l'inquiète. Même deux entrées en piste de la voiture de sécurité ne l'ont pas empêché de faire cavalier seul en tête.
« Ces neutralisations ne m'ont pas vraiment compliqué la vie, j'ai juste trouvé qu'il leur fallait beaucoup de temps pour nettoyer la piste alors que je n'avais qu'une envie : faire la course, résumait le triple champion du monde. En plus, ça a enlevé du piment au Grand Prix car sans ces voitures de sécurité il y aurait sans doute eu des stratégies plus variées entre les équipes, alors que là, c'était une procession. C'est dommage. »
Que Verstappen se rassure, pas grand monde dans les tribunes ne regrettera d'être venu. Après cinq ans de privation, rien ne pouvait gâcher leur plaisir.

Zhou et Alonso superstars, Stroll mauvais élève

L'immense tribune principale, face aux stands, avait des allures de kop de foot au moment de la parade des pilotes avec deux petits tifos en l'honneur de Lewis Hamilton, des drapeaux monégasques en pagaille (« Je n'en avais jamais vu autant et je ne m'attendais pas à ça, Monaco est un si petit pays qu'on n'est pas habitués à ça », appréciait Charles Leclerc) et des milliers d'écharpes vert et blanc tendues pour célébrer le héros national, Zhou Guanyu. Si ce dernier (14e) n'a jamais eu l'occasion de faire lever la foule au volant de sa modeste Sauber et s'il a manqué quelque chose à Leclerc (4e) avec les pneus durs pour pouvoir saluer ses fans depuis le podium, Hamilton a en revanche réussi à se faire pardonner son blocage de roues de la qualification, samedi, en remontant de la 18e à la 9e place.

> **« Je ne peux rien pour Stroll et personne ne peut plus rien pour lui. »**
>
> **Daniel Ricciardo**

Alonso, en vieux briscard, va faire l'extérieur à Perez dans l'interminable premier virage.

Fernando Alonso, lui aussi très soutenu – il pourrait presque demander la double nationalité tellement il est un habitué des lieux (il a participé à seize des dix-sept éditions du GP) –, a ravi les spectateurs. Au départ, en faisant un extérieur d'anthologie à Sergio Perez dans ce premier virage sans fin, puis, dans les derniers tours, avec une stratégie décalée qui lui permit de terminer en trombe (quatre dépassements en cinq tours), pour une septième place comme modeste récompense.

Son équipier Lance Stroll a lui aussi animé la course. Mais de manière moins glorieuse puisque le Canadien s'est fait remarquer en percutant bêtement par l'arrière, dans un ralentissement général au moment de la première relance de la course, la Racing Bulls de Daniel Ricciardo, tout en pestant contre l'innocente victime à la radio. « Je ne peux rien pour lui et personne ne peut plus rien pour lui », maugréait après coup le pauvre Australien, contraint à l'abandon alors qu'il était en lice pour son premier point de la saison.

Les supporters chinois ont une imagination débordante pour célébrer leurs héros et les guettent au circuit de l'aube à la nuit tombée.

Verstappen vainqueur d'un trentième GP différent
Entre la passion des tribunes et le challenge technique offert par cette piste bosselée et glissante, tout le monde est donc reparti de Chine sans regretter d'avoir fait le déplacement. Même le nouveau format sprint a globalement séduit. « J'aime bien entrer direct dans le vif du sujet et me retrouver sous pression tout de suite, donc ça m'a plu d'avoir une seule séance d'essais avant la qualification, notait Lando Norris, alors surprenant dauphin de Verstappen. Je pense aussi que cela donne moins de chances aux écuries d'avoir une voiture parfaite. Or c'est quand elles y parviennent qu'on retrouve un classement avec une équipe derrière une autre, puis une autre, puis encore une autre, plutôt qu'un plateau mélangé. Donc de ce point de vue-là, ça fonctionne. » « Attention à ne pas en faire trop, avertissait toutefois le Néerlandais. Je suppose que ça dope les audiences télé, mais ça rajoute encore du stress aux mécaniciens, donc ne commençons pas à penser qu'il faudrait faire des sprints sur la moitié des GP du calendrier, sinon ça va faire du grabuge. » Poleman et double vainqueur (sprint et GP), le pilote Red Bull n'aura, lui, pas beaucoup transpiré pour s'imposer sur un trentième circuit différent.

Même s'il n'a pas brillé,
Zhou (14e) a fait vibrer les siens et profité de cette nouvelle passion chinoise.

L'immense tribune
de 50 000 places qui fait face aux stands était pleine à craquer pour célébrer le retour de la F1 en Chine.

Grand Prix 5/24 Résultats

Xe/ Position sur la grille
*Meilleur tour

1er +25 — **M. Verstappen** (HOL) Red Bull — 1er/ — 1h40'52"554 — Moy.: 181.6 km/h

2e +18 — **L. Norris** (GBR) McLaren-Mercedes — à 13"773 — 4e/

3e +15 — **S. Perez** (MEX) Red Bull — à 19"160 — 2e/

4e +12 — **C. Leclerc** (MCO) Ferrari — à 23"623 — 6e/

5e +10 — **C. Sainz** (ESP) Ferrari — à 33"983 — 7e/

6e +8 — **G. Russell** (GBR) Mercedes — à 38"724 — 8e/

7e +6 — **F. Alonso** (ESP) Aston Martin-Mercedes — à 43"414 — 3e/ — +1 — *1'37"810 au 45e tour

8e +4 — **O. Piastri** (AUS) McLaren-Mercedes — à 56"198 — 5e/

9e +2 — **L. Hamilton** (GBR) Mercedes — à 57"986 — 18e/

10e +1 — **N. Hülkenberg** (ALL) Haas-Ferrari — à 1'00"476 — 9e/

Pilotes APRÈS 5 GP SUR 24	Pts	CHN 21/4
1. Verstappen (HOL)	110	25 +8
2. Perez (MEX)	85	15 +6
3. Leclerc (MCO)	76	12 +5
4. Sainz (ESP)	69	10 +4
5. Norris (GBR)	58	18 +3
6. Piastri (AUS)	38	4 +2
7. Russell (GBR)	33	8 +1
8. Alonso (ESP)	31	6 +1
9. Hamilton (GBR)	19	2 +7
10. Stroll (CAN)	9	-

Éternel Senna

Trente ans après sa disparition, le champion du monde brésilien reste présent dans toutes les mémoires et, partout, d'Imola à São Paulo, en passant par Miami, son souvenir a été célébré.

Dans le parc d'Imola, le mausolée Senna est toujours fleuri. En ce premier mai, plus que jamais.

Même trente ans après, tout le monde se souvient de l'instant. Même pour ceux qui n'ont pas vécu l'accident en direct. Chacun a son souvenir de la disparition d'Ayrton Senna à Imola un 1er mai, de son destin fracassé dans le mur de Tamburello, de l'attente interminable devant cette Williams à l'arrêt où rien ne bougeait, de l'incroyable annonce de son décès le soir, que personne ne voulait croire, de la Une de *L'Équipe* le lendemain qui lui rendait un vibrant hommage, de ses obsèques grandioses et populaires à São Paulo trois jours plus tard devant des dizaines de milliers de personnes pleurant leur héros. Et même du mystère qui, encore maintenant, entoure les causes de cet accident. Aujourd'hui encore, chacun des pilotes au départ d'un Grand Prix pourra vous raconter ces trois jours maudits, même ceux qui n'étaient pas nés. Tous se souviennent de ce week-end abominable commencé par le terrible accident de Rubens Barrichello le vendredi, poursuivi le samedi par le décès de Roland

Lors du GP d'Émilie, mi-mai, Vettel est venu rouler dans la voiture du Brésilien sous le regard de tous les pilotes.

L'artiste brésilien Eduardo Kobra avait déjà réalisé une fresque à Interlagos et une autre à Imola. Miami a désormais la sienne, inaugurée à la veille du GP par Bianca, la nièce de Senna.

Ratzenberger avant que la mort ne vienne toucher l'icône, l'idole. Ayrton Senna était, cette année-là, le seul champion du monde en piste. Mansell et Prost, eux, avaient tiré leur révérence. Michael Schumacher, lui, ne faisait que débuter. Pourtant l'impétueux Allemand venait de remporter les deux premières courses, et Senna sortait de deux abandons. Cette troisième épreuve du calendrier, la première du championnat en Europe, était cruciale pour le Brésilien. Elle lui fut fatale. Alors, trente ans après, il est encore partout. L'Institut Senna, fondation qu'il avait créée quelques mois avant sa mort en compagnie de sa sœur Viviane, organisait à Interlagos une célébration. Même chose à Imola, le week-end du GP d'Émilie-Romagne. Sur l'Autodrome où il a laissé la vie un jour de Grand Prix, son image est à tout jamais gravée. Une fresque monumentale pour ne jamais l'oublier juste avant de rentrer sur le circuit, un mémorial, toujours fleuri, au virage où sa Williams l'a trahie. À Miami, une autre fresque a été inaugurée au Hard Rock Stadium qui sert de piste au Grand Prix de F1, réalisée par le même artiste que celle d'Imola. Sebastian Vettel, quinze jours plus tard, viendra rouler avec une McLaren du Brésilien. Et à Monaco, c'est McLaren elle-même qui portera une livrée spéciale. Personne ne voulait oublier Senna. Personne ne le pouvait.

À Monaco, une semaine plus tard, McLaren décidait de rendre hommage à son légendaire pilote en faisant rouler ses voitures aux couleurs du Brésilien.

Le matin du GP du Brésil, Lewis Hamilton a pu rouler dans la McLaren de Senna de 1990, sous les yeux de Viviane, la sœur d'Ayrton.

Norris, c'est l'Amérique

Le Britannique a enfin signé cette première victoire qui le fuyait depuis si longtemps. Et il ne l'a pas volée, repoussant Sa Majesté Max Verstappen, son ami, à la deuxième place.

Norris a enfin gagné ce GP qui s'était refusé à lui si souvent. On pensait la machine lancée. Elle allait vite se regripper.

Donald Trump en voisin (il vit à Mar-a-Lago, tout proche du circuit) s'est invité le jour de la course et c'est Zak Brown qui s'est dévoué pour l'accueillir.

Il allait trop vite. Rien ne pouvait l'arrêter. Personne ne pouvait être devant lui, pas même la voiture de sécurité, ce petit coup du pouce du destin enfin tombé du bon côté pour le Britannique, qui est sortie trop tard, venant se placer devant Max Verstappen. Lando Norris était déjà trop loin. « Il volait, aujourd'hui, avouait avec le sourire le battu du jour néerlandais. Il mérite cette victoire. Dès la fin de la voiture de sécurité, il est reparti si vite. J'ai tout tenté sur les premiers virages, mais il a tenu. On ne l'a pas revu. » Le Britannique a enfin décroché sa première étoile, qui le fuyait depuis ses débuts en 2019. En 2020, à Sotchi, elle lui tendait le bras malgré les nuées qui s'abattaient sur le circuit. Trop tendre, trop présomptueux, il avait refusé de changer de gommes et avait fini par se noyer en Russie. En 2021, à Monza, il avait dû subir la loi de son équipe, qui l'avait contraint à ne pas attaquer son coéquipier d'alors, Daniel Ricciardo, vainqueur en Italie, la première victoire de McLaren depuis dix ans. Tant pis s'il fallait condamner le bébé de Woking, chéri par Zak Brown et couvé comme une pépite, après avoir tout raté avec son prédécesseur Stoffel Vandoorne.

Trump, l'invité encombrant

Depuis, Norris a grandi, et cette victoire ne peut se résumer à un coup de chance et de safety car. Avant qu'il ne sorte à la suite de l'accident de Kevin Magnussen et Logan Sargeant un peu avant la mi-course, il volait déjà au volant de cette McLaren de compétition, survitaminée, enchaînant les meilleurs tours dans l'air libre depuis que les leaders venaient de rentrer pour changer les gommes. On découvrait cette MCL38 qui allait illuminer tout l'été.

Alors, oui, cette fois, la chance a basculé de son côté mais jusqu'au bout, les hommes en papaye, pas l'Orange Army de Verstappen son ami, ont craint le pire avant de libérer leur joie pour leur chéri, enfin devenu grand. Brown, sur la murette des stands, pouvait enfin jubiler, et pas

Fidèle à son habitude, Lando Norris célèbre à sa façon ses podiums, en frappant sa bouteille au sol.

« On l'a fait, Will (Joseph, son ingénieur), criait-il dans son casque après le drapeau à damier après avoir hurlé comme un gamin. Je suis si content. Je vous l'avais dit ce matin en arrivant au circuit. » Oh ! il garde tout de même ses manières bien élevées de la haute société de Glastonbury, n'oubliant pas de remercier ses parents, de penser à sa chère grand-mère, de chouchouter ses copains, sa « bromance » Carlos Sainz venant le féliciter avant son podium. Et c'est porté en triomphe par ses troupes qu'il a rejoint le parc fermé pour tomber dans les bras de Brown, son second père, Adam, millionnaire et entrepreneur, le vrai, n'étant pas là.
Et c'est comme un symbole qu'il livra sa pensée de pilote britannique enfin vainqueur à un autre pilote anglais, lui aussi vainqueur pour McLaren, Jenson Button. « Cela a pris du temps, mais je l'ai enfin fait, raconta-t-il les yeux embués d'émotion après avoir juré comme l'enfant qui continue de percer. On est des vainqueurs. Je ne sais quoi dire à mon équipe. J'ai fait des erreurs, mais on a progressé. Cette journée, je vais m'en souvenir toute ma vie. »

parce qu'il avait fait visiter son garage à un pénible Donald Trump qui aura – par deux fois – paralysé le paddock pour le traverser et causé l'embarras de la Formule 1. On ne peut oublier le gamin chahuteur et taquin, capable de sortir sa McLaren Senna dans un bac à sable pour impressionner son passager Johnny Herbert. On ne peut oublier l'époque où le débutant cherchait à se faire connaître en postant sur les réseaux sociaux des vidéos très travaillées et bourrées d'humour de jeune.

« Cela a pris du temps, mais je l'ai enfin fait. Cette journée, je vais m'en souvenir toute ma vie. »

Lando Norris

Un pilote attachant

Désormais Norris (24 ans) est un grand, mais reste encore un enfant. On connaissait, depuis son premier podium sous Covid en Autriche 2020, cette manière si particulière de sabrer son champagne, le cognant au sol. On connaissait, depuis l'an dernier en Hongrie, sa maladresse lorsqu'il cassa le trophée en porcelaine de Verstappen. Il faudra désormais se souvenir de sa victoire et de sa célébration. Totalement détendu, il a profité de l'instant, se noyant de champagne avant d'exécuter son sabrage si particulier.

Zak Brown peut enfin triompher. Son poulain, qu'il couve depuis ses débuts en F1, vient de gagner.

Lando Norris à l'attaque sur Verstappen qui résiste. Une image de la saison à venir.

Grand Prix 6/24 **Résultats**

Xe/ Position sur la grille
*Meilleur tour

1	**Lando Norris** McLaren-Mercedes	1h30''49'876
2	**Max Verstappen** Red Bull	à 7''612
3	**Charles Leclerc** Ferrari	à 9''920
4	**Sergio Perez** Red Bull	à 14''650
5	**Carlos Jr. Sainz** Ferrari	à 16''407
6	**Lewis Hamilton** Mercedes	à 16''585
7	**Yuki Tsunoda** Racing Bulls	à 26''185
8	**George Russell** Mercedes	à 34''789
9	**Fernando Alonso** Aston Martin-Mercedes	à 37''107
10	**Esteban Ocon** Alpine-Renault	à 39''746

Pilotes

APRÈS 6 GP SUR 24	Pts	USA 5/5
1. Verstappen (HOL)	136	18 +8
2. Perez (MEX)	101	10 +6
3. Leclerc (MCO)	98	15 +7
4. Sainz (ESP)	85	12 +4
5. Norris (GBR)	83	25
6. Piastri (AUS)	41	+3
7. Russell (GBR)	37	4
8. Alonso (ESP)	33	2
9. Hamilton (GBR)	27	8
10. Tsunoda (JAP)	14	6 +1

Miami, c'est vraiment l'Amérique

En trois ans à peine, le Grand Prix floridien a su séduire un public américain de plus en plus nombreux et enthousiaste. Pour les écuries et leurs sponsors, il est déjà devenu incontournable.

Bernie Ecclestone l'avait rêvé. Liberty, la société qui a pris son relais, est en train d'y arriver. Ecclestone, l'homme qui a inventé la Formule 1 moderne, souhaitait plus que tout voir ses voitures rouler dans Manhattan, conquérir le marché américain. Il n'y est jamais arrivé. Pire, la compagnie états-unienne qui lui a racheté les droits de la discipline le priva de son si cher jouet, l'évinçant rapidement de son paddock adoré.
Et voilà qu'aujourd'hui ces fichus Américains sont en train, en moins de dix ans, de rendre plus que réelle cette chimère de Mister E. Il suffit d'arpenter les travées labyrinthiques du Hard Rock Stadium de Miami pour comprendre que la folie de la F1 s'est emparée du pays. Le dimanche de la course, dès 9 heures, des centaines de car déversaient leurs meutes de fans, habillés aux couleurs de leurs équipes, comme pour un match de NFL (le stade où se déroule le Grand Prix est celui des Dolphins). Ils hurlaient leur joie dans les travées qui surplombent le paddock, sis sur la pelouse.

« Miami a clairement permis à notre base de fans de grandir aux États-Unis »

Stefano Domenicali, patron de la F1

Le circuit a été tracé autour du Hard Rock Stadium, le stade de NFL qui accueille aussi les tournois de tennis Masters 1000 et WTA 1000.

L'Aston de Lance Stroll défile dans les rues de Miami Beach telle une œuvre d'art.

La galéjade de 2022 où tout le monde rigolait, sans savoir, de cette fausse marina du virage 7, s'est transformée en un incroyable succès populaire qui assoit la notoriété de la discipline au pays de l'Oncle Sam. Oui, c'est ridicule de voir des F1 se glisser sous un monstrueux échangeur d'autoroute ; oui, c'est ridicule de voir des bolides passer devant des piscines pleines de sirènes alcoolisées ; mais ça fonctionne… et plutôt très bien.
« Miami a clairement permis à notre base de fans de grandir aux États-Unis, nous confiait Stefano Domenicali, le patron de Formula One Group. En seulement trois ans, ce Grand Prix constitue un réel succès. Nous avons vendu les 275 000 places pour les trois jours. » Miami n'a pas raté son entrée, pas plus que Las Vegas d'ailleurs, alors qu'Austin est devenue la référence avec une moyenne à plus de 400 000 spectateurs. Et dehors, d'autres attendent ou veillent. Le marché nord-américain est désormais le premier pourvoyeur de supporters de la F1 sur TikTok et Youtube. Pour la quatrième année de suite, la discipline assume la plus forte hausse d'audience, devant la NFL ou la NBA, même si ses audiences télé restent timides (deux millions pour le GP de l'an dernier). Et comme plus de la moitié de cette fanbase a moins de 35 ans, tout le monde se frotte les mains.
Les écuries les premières, s'offrant enfin aux terres bénies du capitalisme à outrance. La minuscule coquille de Giancarlo Minardi fondée en 1979 à Faenza, petite bourgade italienne d'Émilie, développée à partir de 2006 par l'argent de Red Bull venu de Salzbourg, vient de franchir une étape supplémentaire en prenant le nom d'une grande compagnie bancaire américaine, Visa, basée à San Francisco.

À quand New York ?

Le mercredi avant la course, dans le très couru Miami Beach, elle présentait, dans une soirée très festive, sa livrée spéciale. Plus révélateur, Ferrari a brisé les codes, ses codes si rigides. Pour le lancement de sa nouvelle voiture de route, la Dodici, le marketing de Maranello a délocalisé, pour la première fois de son histoire, la présentation de ce modèle, croisement entre une iconique Daytona et un X-wing de Star Wars au cours, là encore, d'une soirée à Miami Beach. « C'est le week-end le plus intense de l'année pour nous », confirmera Frédéric Vasseur, le patron de la Scuderia, éreinté par les sollicitations médiatiques et marketing qui accompagnent le Grand Prix.
Aston Martin a fait tourner le jeudi l'une de ses monoplaces dans un grand cube de verre devant les mythiques immeubles Art déco d'Ocean Drive avant, elle aussi, de finir par une party floridienne comme seule Miami sait les organiser. Sur la grille de départ cette année, pas de Michael Jordan comme en 2022 mais pas moins de… 52 invités prestigieux, où Patrick Mahomes, dernier quarterback vainqueur du Super Bowl, voisinait avec son prédécesseur, Tom Brady, le basketteur LeBron James, un certain Zinédine Zidane ou encore Donald Trump.
Bernie Ecclestone rêvait d'organiser un Grand Prix à New York. Ce n'est pas encore pour demain mais Mercedes s'en est déjà approché. À défaut de gagner des courses, l'écurie allemande s'est acoquinée avec WhatsApp et s'est payé pour une soirée le mythique Empire State Building pour promouvoir son nouvel emoji. Pour la première fois, une Formule 1, celle de Lewis Hamilton, a même roulé dans les rues de Manhattan, sur la non moins célèbre 5e Avenue, devant des milliers de badauds alors qu'il avait été interdit d'en faire la publicité. Un peu comme si Big Apple voulait reprendre un bien dont elle n'a jamais voulu mais que Magic City est clairement en train de lui voler.

Zinédine Zidane, certes ambassadeur Alpine, a fait le voyage à Miami, le GP où il faut désormais être. Il a même eu l'honneur de remettre leur trophée aux vainqueurs de la course sprint.

Heineken
Heineken

Sans stress apparent

Max Verstappen a été dominateur de bout en bout à Imola, mais le retour dans ses échappements de Lando Norris en fin de course a montré que la concurrence progresse.

La longue chevauchée de Norris (ici, à l'attaque à Acqua Minerale) a débuté en Émilie. Et Verstappen a encore gagné.

On le sait, Max Verstappen reste pour l'instant imbattable à la régulière. Il fatigue la concurrence à tout gagner, même quand sa voiture n'est pas parfaite. Les dix derniers tours où Lando Norris a fait semblant d'enfin animer une course plus soporifique qu'un wagon entier de Valium l'ont à peine entamé. Pas plus que les cinq heures qu'il s'est infligées le samedi soir et le dimanche matin sur son simulateur pour tourner avec son équipe d'e-sport aux 24 Heures virtuelles du Nürburgring (qu'il a également gagnées).
Mais, au terme de cette impressionnante démonstration clinique, l'espérance luit néanmoins, autant qu'un soleil se couchant sur les vignes de sangiovese, cépage d'Émilie. Le vendredi, la voiture de Verstappen étant mal réglée, les ingénieurs de Milton Keynes ont su gérer et remettre, pour le Néerlandais, la machine en place et lui permettre de gagner. Encore, certes, mais pas dans la facilité. Car, dans les mains de Sergio Perez (8e), la RB20 n'était plus que l'ombre de la fusée stratosphérique qui tournait autour de la concurrence l'an dernier. Et, derrière, McLaren et Ferrari ont montré qu'elles ont des armes pour lutter.

Un problème à la gomme

En modifiant les réglages de la voiture, la Red Bull d'ordinaire si délicate avec ses gommes s'est manifestement égarée pour préserver ses pneus durs. L'aileron arrière modifié pour permettre à Verstappen de signer la pole aurait-il compromis la délicate alchimie de sa machine ? À moins que le Néerlandais n'ait préféré gérer après avoir, comme autrefois, un poil trop poussé en début de course, brisant la règle des limites de piste (trois autorisées) lors des dix premières minutes. Une sortie supplémentaire l'aurait condamné à cinq secondes de pénalité. Alors, le Néerlandais a roulé tranquille. Trop sans doute, laissant ses pneus refroidir.
Lorsque Norris remit les chevaux, à dix tours de la fin, pour venir le menacer, les gommes dures ne fonctionnaient plus sur la Red Bull. À la façon d'Hamilton qui pestait sur ses pneus qui ne dureraient pas, tout en remportant paisiblement la course, Verstappen anima la fin de GP par ses communications radio, se lançant dans des tirades angoissées sur les Pirelli qui ne tenaient plus. « Je ne pouvais pas me permettre de faire une faute », tenta-t-il de faire croire à l'arrivée alors qu'on sait qu'il n'en fait quasiment jamais. Norris a fini dans les échappements de la Red Bull (7 dixièmes d'écart sous le drapeau à damier). D'après l'Anglais, si le GP avait compté un ou deux tours de plus, il aurait pu s'imposer. Cela, on ne le saura jamais. En revanche, il est devenu certain à Imola que le pilote McLaren a désormais les armes pour poser problème à Verstappen et qu'il manqua peut-être une occasion, déjà, de gagner.

L'arrêt au stand de Verstappen.
Où l'on se rend compte que la RB20 commence à moins tenir ses gommes qu'avant...

> **« Je devais juste savoir où me mettre à l'abri. »**
>
> **Max Verstappen**

Norris et Leclerc toujours plus près, mais toujours derrière

Norris et McLaren ont prouvé que le couple marchait bien, tout comme Oscar Piastri (4e), auteur d'un excellent début de course et d'un somptueux undercut sur Carlos Sainz avant de connaître des difficultés avec son train de pneus durs. Comme Verstappen, preuve que ces gommes blanches sont délicates à comprendre. Charles Leclerc et Ferrari ont également montré que la *macchina* n'était pas moribonde. Les évolutions apportées à Imola mettront sans doute un peu de temps à pleinement fonctionner (et serviront à partir de l'Angleterre de nouvel étalon lorsque l'évolution suivante, celle de Barcelone, s'avérera trop « rebondissante ») mais le Monégasque, parti troisième et arrivé troisième, s'est offert son premier podium sur l'Autodromo d'Imola. Voilà les deux menaces qui peuvent faire vaciller le champion.

Depuis la victoire de Sainz au GP d'Australie, Fred Vasseur, le patron de la Scuderia, ne cesse de rappeler que « c'est en leur mettant la pression qu'ils (Red Bull) commettront des erreurs ». Andrea Stella, le team principal de McLaren, doit désormais apprendre des paroles de son homologue. « Nous avons plus regardé dans nos rétros que devant nous », analysait-il après la course pour justifier le retard à l'allumage de sa fusée Norris,

Devant les tifosi Ferrari,
Leclerc s'est invité sur le podium à la troisième place.

trop longtemps en mode défense sur Leclerc. En attaquant plus tôt, aurait-il réussi à battre Verstappen ? « J'ai mis du temps à comprendre les pneus », reconnaissait un Norris qui, malgré les propos laudateurs de son patron le qualifiant de « maître des pneus », manque encore un peu d'expérience en la matière, lui qui s'est « loupé » sur son premier relais. On verra plus tard que son équipe peut en manquer également lorsqu'il faut concocter des stratégies pour gagner face aux maîtres. Car, de l'autre côté, Verstappen ne jouait plus la comédie pour expliquer sa défense. « Je devais juste savoir où me mettre à l'abri », glissera-t-il dans un sourire malicieux. Comprenez : juste avant la zone DRS avant Rivazza… Il est fatigant et arrive toujours à s'en sortir.

Lando Norris sonne la charge contre Red Bull, devançant les deux Ferrari et la McLaren de son équipier Oscar Piastri.

Grand Prix 7/24 Résultats

Xe/ Position sur la grille
*Meilleur tour

Place	Points	Grille	Pilote	Écurie	Écart
1er	+25	1er	**M. Verstappen** (HOL)	Red Bull	1h25'25"252 Moy.: 217.2 km/
2e	+18	2e	**L. Norris** (GBR)	McLaren-Mercedes	à 0"725
3e	+15	3e	**C. Leclerc** (MCO)	Ferrari	à 7"916
4e	+12	5e	**O. Piastri** (AUS)	McLaren-Mercedes	à 14"132
5e	+10	4e	**C. Sainz** (ESP)	Ferrari	à 22"325
6e	+8	8e	**L. Hamilton** (GBR)	Mercedes	à 35"104
7e	+6	6e	**G. Russell** (GBR)	Mercedes	à 47"154 +1 *1'18"589 au 54e tour
8e	+4	11e	**S. Perez** (MEX)	Red Bull	à 54"776
9e	+2	13e	**L. Stroll** (CAN)	Aston Martin-Mercedes	à 1'19"556
10e	+1	7e	**Y. Tsunoda** (JAP)	Racing Bulls-Red Bull	à 1 tour

Pilotes

APRÈS 7 GP SUR 24	Pts	ITA 19/5
1. Verstappen (HOL)	161	25
2. Leclerc (MCO)	113	15
3. Perez (MEX)	107	4
4. Norris (GBR)	101	18
5. Sainz (ESP)	93	10
6. Piastri (AUS)	53	12
7. Russell (GBR)	44	6+1
8. Hamilton (GBR)	35	8
9. Alonso (ESP)	33	-
10. Tsunoda (JAP)	15	1

PIRELLI
VGW
PLAY
Santander
hp
16

Charles Ier de Monaco

Après cinq échecs dans son GP national, Charles Leclerc a enfin triomphé en Principauté, maîtrisant la course de bout en bout. Une forme de consécration pour cet infatigable combattant.

Charles Leclerc a bouleversé tout Monaco, même le prince Albert ému aux larmes.

Rien n'a changé mais tout est différent. Le monde continue de tourner, les Alpine de s'accrocher, Magnussen de tout fracasser mais Charles Leclerc a désormais remporté le Grand Prix de Monaco. Pour lui, cela veut dire beaucoup. Vraiment beaucoup. Le Monégasque, qui porte comme prénom le nom du plus célèbre quartier de son pays (*Monte Carlo* signifie le mont Charles), et celui de la plus haute distinction protocolaire de l'État. Aujourd'hui victorieux dans les rues de la Principauté, il est une idole au firmament pour tout son pays qui l'adore. À sa sortie du podium, les commissaires l'avaient attendu pour lui faire une haie d'honneur. Le prince Albert lui-même, en larmes, réclama sa photo, seul, avec le héros local. Un selfie pour Monseigneur.
Quand Kylian Mbappé agita le drapeau à damier, Leclerc hurla son bonheur au terme d'un Grand Prix qui fut fidèle à sa réputation. Mais si ce 70e Grand Prix de Monaco fut soporifique, il maintint tout un peuple en éveil durant ses 75 tours. Chacun guettait le coup du sort, la panne, la stratégie malheureuse qui viendrait tout gâcher. Heureusement pour eux, le chat noir du pilote national a finalement disparu.

La fin d'une malédiction

À Monaco, Charles Leclerc s'était toujours pris, malgré lui, les pieds dans le tapis avant d'atteindre enfin ce podium – car c'est son premier ici – qui lui tendait pourtant à chaque fois les bras. En 2019, Ferrari « oublia » de le faire ressortir en Q1, condamnant le pilote à partir en fond de grille. En 2021, c'est son moteur qui le lâchait dans le tour de formation alors qu'il allait s'élancer de la pole. L'année suivante, la pluie et le cafouillage de la murette Ferrari offrirent la victoire à Sergio Perez et le podium à Carlos Sainz. Et l'année dernière, il n'avait pu faire mieux que 6e après avoir été pénalisé de trois places sur la grille. Tout cela est désormais effacé.

« Quand je mets mon casque, je ne pense plus à rien d'autre qu'à gagner. »

Charles Leclerc

Cette année, Leclerc s'est imposé, brisant ce signe indien. Pour y arriver, qu'a-t-il fait ? Rien, tout simplement. « Je n'ai vu aucune différence avec le Charles des années précédentes », confirma son équipier, Carlos Sainz (3e). Lors de ce week-end monégasque, Leclerc se contenta

Grâce à sa pole, Leclerc a maîtrisé la course de bout en bout.

de faire ce qu'il a toujours réussi, avec cette résilience hallucinante qui lui a permis de digérer des moments bien plus terribles que ses échecs en Principauté, lui qui a été confronté à la perte de proches. Son grand-père d'abord, patriarche familial qui imposait au petit-fils une éducation scolaire rigoureuse comme contrepartie des aventures automobiles, puis Jules Bianchi – son parrain mais surtout son modèle, qui inscrivit ses premiers points en F1, il y a dix ans, à Monaco – avant que sa grand-mère et enfin son père, Hervé, ne viennent achever cette triste période, en 2017.

Un mental hors du commun

« En gagnant ici, j'ai accompli mon rêve, mais aussi celui de mon père, avouera-t-il d'ailleurs. Je sais tout ce que je lui dois. Et c'est la première fois depuis Bakou 2017 [course de F2 remportée quelques jours après le décès d'Hervé] que je me laisse gagner par ces images. À l'époque, c'était encore très fort et très frais. » Son manager, Nicolas Todt, et sa famille mirent alors en place des stages chez Formula Medecine pour muscler le mental du gamin. Aujourd'hui, il est devenu incroyablement fort dans ce domaine. « Quand je mets mon casque, je ne pense plus à rien d'autre qu'à gagner », répétait-il encore en conférence.

Ce n'est pas un problème pour lui de prendre le départ en occultant l'échec précédent, même quand il fallut en prendre un second à cause du drapeau rouge au premier tour. Il note tout dans son petit cahier d'écolier. Pas plus compliqué pour lui de contrôler le peloton sur cette piste qu'il connaît mieux que personne, lui qui découvrit la F1, à trois ans, d'un balcon placé justement au-dessus de Sainte-Dévote, avec son père. « J'ai géré comme un dingue, en rigola-t-il. J'ai bien vu qu'Oscar (Piastri) a tenté un truc. C'était un peu optimiste. Après j'ai mieux contrôlé les passages lents pour ne plus lui donner cette chance. »

Et encore moins difficile pour lui de vivre cette pression à laquelle il s'est habitué. Enfin presque... « Les dix derniers tours ont été intenses, poursuit-il. Les deux derniers tours, je n'arrivais plus à voir dans le tunnel parce que j'avais les larmes aux yeux. J'ai pensé à tous les gens qui ont contribué à ma carrière. J'ai dû me maîtriser pour calmer ces émotions. »

À l'arrivée, il n'était plus question de les cacher. Toute l'équipe était prévenue dès la ligne d'arrivée franchie. « Ne rentrez pas à Maranello, les gars, lança-t-il au micro. Vous restez tous ce soir. » Son ingénieur lui répondit immédiatement que tout était sous contrôle. Il s'agit sans doute de la seule chose qui a changé chez Leclerc. Xavi Marcos, l'homme qui murmurait aux oreilles du Monégasque, a été exfiltré par Frédéric Vasseur, le patron de la Scuderia, il y a deux courses. Désormais, c'est Bryan Bozzi qui veille sur les courses du héros du jour. Et, manifestement, le couple fonctionne parfaitement. Malgré la tension, les deux ont trouvé le temps de plaisanter. Et l'Italien, maîtrisant son Leclerc, avait déjà tout planifié.

Comme promis depuis ses débuts en F1, le Monégasque a forcé son patron Fred Vasseur à sauter dans le port avec lui.

Même la baignade de fin de journée. Une promesse, un pari que Leclerc et Vasseur s'étaient fait en 2018 lorsque les deux hommes étaient chez Alfa Romeo et que le vainqueur 2024 de Monaco débutait en F1. Ça aurait dû être un saut sauvage de la digue, ce ne fut qu'un élégant plongeon et un vilain plouf pour le pilote et le patron dans les eaux du port, sous les flonflons très italiens de Ricci et Poveri.
Un saut dans l'eau comme Webber, comme Vettel, comme Ricciardo ou Hamilton, chacun choisissant sa piscine, son plongeoir. Car, à Monaco, rien ne change. Après le dîner donné par le prince au Sporting, on tourne à gauche pour finir au Jimmi'z, la boîte où les vainqueurs de Grand Prix finissent leur soirée puis commencent, fatigués, leur journée (demandez à Norris, dont certaines vidéos ont vite traîné). Celle d'un nouveau Monaco, où Leclerc a triomphé.

ROLAND-GARROS
NADAL L'IMMENSE DÉFI
GASQUET LE GRAND FRISSON
2,40 € lundi 27 mai 2024 79e année N° 25 487 France métropolitaine
L'ÉQUIPE
FOOTBALL
Haise en pole à Nice
CHARLES DE MONACO
FORMULE 1
Grand Prix de Monaco
CHARLES LECLERC, l'enfant de Monaco, a enfin brisé la malédiction et remporté le mythique Grand Prix au volant de sa Ferrari. La sixième victoire de sa carrière, tout en maîtrise après s'être élancé en pole-position.

Alpine

Ocon-Gasly, le point de la discorde

On ne le savait pas à l'époque mais la carrière d'Esteban Ocon, chez Alpine, s'est achevée avant même la fin du premier tour de ce GP de Monaco, juste avant que le drapeau rouge ne soit déployé après le spectaculaire accident entre les Haas et la Red Bull de Sergio Perez dans la montée de Beau Rivage. Esteban Ocon attaquait Pierre Gasly à l'intérieur du virage du Portier, juste avant le tunnel. Les deux pilotes, en fin de contrat et alors 9e et 10e, voulaient se mettre en évidence. Même si on avait demandé le matin à Ocon de protéger son équipier, il plongea avant le tunnel, s'accrochant avec l'autre Normand. Son Alpine décollait sur celle de Gasly et retombait lourdement. Pour l'un, la course – et le futur – venaient de s'achever. Pour le second, le futur s'orchestrait bien mieux : un point pour Gasly et une prolongation de contrat qu'on apprendrait en Autriche. Et pour l'écurie, l'entrée dans une nouvelle ère dont elle n'avait pas encore idée.
Sur Canal +, en direct, Bruno Famin, avait allumé une bombe : « Au premier tour, au Portier, franchement, ce n'était pas le lieu pour tenter une attaque, en laissant zéro place à son coéquipier. On en tirera les conséquences. On va trancher dans le vif. » D'aucuns comprenaient déjà qu'Ocon ne serait plus chez Alpine la saison prochaine, d'autres le voyaient puni à Montréal. Le lundi, le psychodrame prenait de l'ampleur avec la découverte que le patron du groupe Renault démarchait les motoristes pour équiper ses Alpine en 2026, faisant fi du savoir-faire de l'usine moteur de Viry. Pire, on apprenait que Flavio Briatore, viré de Renault en 2009, revenait comme conseiller personnel. La tension entre les deux pilotes normands ne redescendrait plus...

Grand Prix 8/24 Résultats

Xe/ Position sur la grille
*Meilleur tour

Pos.	Pts	Grille	Pilote	Écurie	Temps
1er	+25	1er	C. Leclerc (MCO)	Ferrari	2h23'15"554 Moy.: 109 km/h
2e	+18	2e	O. Piastri (AUS)	McLaren-Mercedes	à 7"152
3e	+15	3e	C. Sainz (ESP)	Ferrari	à 7"585
4e	+12	4e	L. Norris (GBR)	McLaren-Mercedes	à 8"650
5e	+10	5e	G. Russell (GBR)	Mercedes	à 13"309
6e	+8	6e	M. Verstappen (HOL)	Red Bull	à 13"853
7e	+6	7e	L. Hamilton (GBR)	Mercedes	à 14"908 (+1)
8e	+4	8e	Y. Tsunoda (JAP)	Racing Bulls-Red Bull	à 1 tour
9e	+2	9e	A. Albon (THA)	Williams-Mercedes	à 1 tour
10e	+1	10e	P. Gasly (FRA)	Alpine-Renault	à 1 tour

*1'14"165 au 63e tour

Pilotes

APRÈS 8 GP SUR 24	Pts	MON 26/5
1. Verstappen (HOL)	169	8
2. Leclerc (MCO)	138	25
3. Norris (GBR)	113	12
4. Sainz (ESP)	108	15
5. Perez (MEX)	107	-
6. Piastri (AUS)	71	18
7. Russell (GBR)	54	10
8. Hamilton (GBR)	42	7
9. Alonso (ESP)	33	-
10. Tsunoda (JAP)	19	4

Red Bull
ORACLE
EA SPORTS
ORACLE
HONDA
Red Bull
CASTORE
MAX

Retour à l'anormal

Au terme d'une course folle et très disputée, Max Verstappen est revenu au sommet, se défaisant d'un George Russell très brouillon et d'un brillant Lando Norris.

Verstappen peut jubiler.
Il a remporté un Grand Prix que les Mercedes et les McLaren auraient dû empocher.

On avait – un peu – oublié qu'il était intraitable. On s'était laissé griser par les cocktails floridiens, le spritz italien et le champagne monégasque, pensant que le champion et sa voiture étaient rentrés dans le rang. Grossière erreur. Sa démonstration tout au long du week-end aura été un sévère rappel à l'ordre pour la concurrence, qui pourtant se multiplie désormais. Privé de Ferrari, qui aura pédalé tout le week-end dans le sirop d'érable (pas de Q3 samedi et double abandon dimanche à cause d'une erreur dans le choix de la pression de ses pneumatiques), mais gonflé par Mercedes qui s'offre son premier podium de l'année, McLaren, force vive du printemps avec ses pilotes impériaux, n'a rien pu contre l'ogre. La W15 était pourtant à Montréal, dans ces conditions fraîches et humides, la plus rapide. Norris avait pourtant en main la victoire avec une MCL38 désormais excellente partout.
Malheureusement Max Verstappen avait trop faim, voulait trop marquer son territoire. Sa joie en descendant du podium, son regard en écoutant l'hymne néerlandais disaient beaucoup de cette volonté farouche de ne jamais laisser respirer l'adversaire. L'an dernier, il avait décidé d'asphyxier son équipier Sergio Perez, seul rival potentiel. Le Mexicain est depuis ce traitement complètement anesthésié, malgré son nouveau contrat, et compte un abandon de plus.

Super Lando a dû s'incliner

Un autre pilote pourrait vite le rejoindre au cimetière des espoirs déçus. George Russell avait tout à gagner, il a tout perdu, même s'il finit troisième. « Il fallait être très attentif, ne pas commettre d'erreur », expliquait un Verstappen carnassier. Pourtant, dans ces conditions changeantes, où les giboulées venaient secouer le peloton et les murettes, il en commit une, alors qu'il s'apprêtait à croquer la Mercedes.
Lando Norris, nouveau héros, en profita au volant d'une McLaren vraiment brillante, donnant enfin la réponse qu'on attendait tous depuis Miami. Oui, le Britannique, qui n'avait alors dépassé personne, profitant d'une voiture de sécurité, sait doubler. Et peut même, à la régulière, passer le champion. Puis le leader. Dans des conditions piégeuses et changeantes, il volait.
Le destin vint le rappeler à l'ordre. Logan Sargeant et la safety car lui avaient offert la victoire en Floride. Ils l'en ont privé au Canada. Le pilote Williams s'est encore crashé mais Norris était trop rapide. Lorsqu'on fit sortir la voiture de sécurité, il était déjà passé. Tout le monde changea de pneus. Pas lui. Deux places de perdues dans ce tour de trop et les hésitations de son équipe.

La mise en grille (ici des Ferrari) s'est faite sous la pluie.

Russell rate l'occasion

Il tenta encore sa chance plus tard, restant en piste quand les leaders changeaient leurs gommes, essayant un overcut très osé. Pour une miette de poutine – et un peu plus de chaleur dans ses Pirelli –, il vit Verstappen lui passer devant lorsqu'il mit enfin des pneus neufs à son tour. La messe était dite pour la victoire. Même super Lando ne peut, seul, lutter contre Sa Majesté Verstappen. Aidé d'un Oscar Piastri de plus en plus solide, il marque le territoire de ce début de saison mais doit affronter l'ogre.

« J'ai fait trop de fautes ce week-end. »

George Russell

Personne, en revanche, n'a vraiment cru en George Russell, l'étonnant poleman de cette qualif folle. Et après sa triste prestation, il comptera encore moins de supporters. « J'ai fait trop de fautes ce week-end », analysait-il avec lucidité. Même son patron Toto Wolff dut lui infliger une cuisante fessée déculottée après une énième erreur : « Concentré, George », lâchera-t-il à la radio en fin de course. Pourtant, la murette de Mercedes, aussi performante que la W15 sur les bords de Saint-Laurent, lui avait offert une seconde chance. Profitant d'une nouvelle voiture de sécurité, à la suite de l'accrochage Albon-Sainz, les deux Mercedes se payaient gratuitement des balles neuves. Russell pouvait vite se débarrasser de Piastri pour venir se venger sur Norris et Verstappen. Il resta coincé derrière le redoutable Australien, laissant même passer son champion d'équipier. Sans doute humilié, il se remit à la tâche, doubla Piastri puis Hamilton d'une manière très incisive avant d'à nouveau fauter et d'être rappelé à l'ordre. « Il y avait sans doute un peu mieux à faire, se contentera d'analyser Wolff à l'arrivée pour ne pas trop fracasser un pilote à la grise mine à l'arrivée. Je le connais si bien. Je me suis dit qu'il en avait besoin. » Verstappen a bien sonné la rentrée. Il en a remis une couche en venant consoler le malheureux Russell devant les camarades, histoire de lui rappeler qui est le patron. Au volant d'une voiture en reconstruction, qui a connu des soucis de moteur, le champion s'est rappelé à notre bon souvenir. « J'ai adoré, je me suis régalé », lancera-t-il à la foule. Nous aussi, même s'il a encore gagné.

Grand Prix 9/24 Résultats

Xᵉ/ Position sur la grille
*Meilleur tour

1er +25 — **M. Verstappen** (HOL) Red Bull — 2ᵉ/
1 h 45'47"927 (moy. : 173,1 km/h)

2e +18 — **L. Norris** (GBR) McLaren-Mercedes — à 3"879 — 3ᵉ/

3e +15 — **G. Russell** (GBR) Mercedes — à 4"317 — 1er/

4e +12 — **L. Hamilton** (GBR) Mercedes — à 4"915 — 7ᵉ/ — +1
*1'14"856 au 70ᵉ tour

5e +10 — **O. Piastri** (AUS) McLaren-Mercedes — à 10"199 — 4ᵉ/

6e +8 — **F. Alonso** (ESP) Aston Martin-Mercedes — à 17"510 — 6ᵉ/

7e +6 — **L. Stroll** (CAN) Aston Martin-Mercedes — à 23"625 — 9ᵉ/

8e +4 — **D. Ricciardo** (AUS) Racing Bulls-Red Bull — à 28"672 — 5ᵉ/

9e +2 — **P. Gasly** (FRA) Alpine-Renault — à 30"021 — 15ᵉ/

10e +1 — **E. Ocon** (FRA) Alpine-Renault — à 30"313 — 18ᵉ/

Verstappen a encore mystifié Lando Norris.

Le Néerlandais remercie George Russell. Sans l'erreur de l'Anglais et de son équipe, c'est sans doute Mercedes qui aurait remporté le GP.

Pilotes — APRÈS 9 GP SUR 24	Pts	CAN 9/6
1. Verstappen (HOL)	194	25
2. Leclerc (MCO)	138	-
3. Norris (GBR)	131	18
4. Sainz (ESP)	108	-
5. Perez (MEX)	107	-
6. Piastri (AUS)	81	10
7. Russell (GBR)	69	15
8. Hamilton (GBR)	55	12 +1
9. Alonso (ESP)	41	8
10. Tsunoda (JAP)	19	-

En résistance

Certes, Max Verstappen a de nouveau gagné, mais Lando Norris aurait pu le battre sans une stratégie discutable de McLaren. La Mercedes d'Hamilton est revenue au niveau.

Verstappen a encore dominé les Mercedes et les McLaren.

L'alerte d'Imola n'était donc pas vaine. Pour Red Bull et son maître timonier en tout cas, le tocsin avait sonné, réveillant les troupes de l'empire bleu. La force orange et la rouge sortaient d'un long sommeil. Depuis, les Flèches d'Argent ont rejoint cette résistance contre l'impitoyable dictature de Milton Keynes en train de s'écrouler, même si à l'époque on ne le savait pas encore.

Après ce Grand Prix d'Espagne, bien moins assommant que d'habitude, il est désormais clair que pour l'emporter, Red Bull devra se dépasser. Et il est tout aussi clair que pour les battre, il faudra à tous ces combattants de la liberté de gagner rendre une copie plus que parfaite. Et ils n'en sont plus si loin que cela, même si, en Espagne, ce fut encore raté.

« Il est clair que nous n'avions pas la meilleure voiture du plateau », avouait d'ailleurs Max Verstappen, un poil plus marqué que d'ordinaire à l'arrivée. Il ne savait pas, à l'époque, qu'elle ne se le serait plus.

> **« Est-ce qu'on joue la victoire ou la troisième place ? »**
>
> **Lando Norris**

Dans la cool room précédant le podium, le Néerlandais était avachi dans son fauteuil, la mine tirée, preuve des forces jetées dans la bataille qu'il a certes encore remportée, mais en cravachant. Le boulet, comme au Canada, n'est pas passé loin. Les boulets, devrait-on dire, tant les adversaires ont usé de toutes les armes possibles pour tenter de flinguer le despote batave. Le menu des stratégies utilisées était pantagruélique, même si personne n'osa tenter l'arrêt unique. La faute à une surprenante chaleur estivale revenue à la mi-journée et qui transforma l'asphalte en une plancha pour *carabineros*, ces crevettes si exquises.

Norris frustré

Ces morfalous ont tout tenté, sauf la bonne. Et Lando Norris, désormais affamé permanent depuis qu'il a goûté à la beauté de la victoire (à Miami en mai), en rageait en piste. McLaren avait décidé de le décaler de Sa Majesté des Oranges, le laissant tourner seul en piste à la fin du premier relais. Six tours (de 18 à 24) où le poleman égara certainement toute chance de gagner.

« Nous avons misé sur une stratégie défensive, défendait Verstappen. Et je crois que c'était ce qu'il fallait faire. » Comme à Imola, mais avec bien plus de crainte chez Red Bull, le leader observait son avance fondre. Le pilote de 26 ans n'a terminé qu'avec un peu plus de deux secondes d'avance.

Si la Mercedes était la plus rapide à Montréal, la McLaren volait en Espagne. Norris en repart d'ailleurs avec le

Norris poleman a tout perdu au premier tour, dépassé par Russell et Verstappen.

point du meilleur tour. « Ça n'a pas vraiment d'importance, non ? » glissait-il, quelque peu désabusé avant de se garer au pied du podium. Plus tôt, à l'amorce de son dernier relais, il avait déjà montré un peu d'agacement. « Est-ce qu'on joue la victoire ou la troisième place ? » répondait-il à son ingénieur, qui lui demandait son avis alors qu'il était possible de couvrir Verstappen ou de tenter quelque chose.
Comme à Montréal, deux semaines plus tôt, le Britannique a senti les effluves du champagne sans pouvoir goûter les bulles du vainqueur. Et cela l'agaça, même s'il retrouva vite son rôle de gendre idéal en descendant de sa monoplace. « J'ai pris un mauvais départ, et c'est là que cela s'est joué, expliquait-il en bon petit soldat. L'équipe a fait un super boulot et m'a offert une superbe voiture. La stratégie était parfaite. On est très bons. » Pas question d'attaquer l'écurie, du moins pas en public. « On aurait dû gagner, on avait clairement la meilleure voiture, répétait-il. Je m'en veux de ce mauvais départ. » Au premier virage, Norris s'est fait dépasser par une stratosphérique Mercedes pilotée par George Russell et Verstappen… qu'il n'a plus revu après.

L'Anglais peut faire la tête. Son désastreux premier virage lui coûte la victoire.

Hamilton à nouveau déchaîné

Pour battre Verstappen et Red Bull, il faudra être parfait et l'attaquer ensemble, sans se nuire les uns les autres. Ce qui risque d'être compliqué. Les deux Ferrari se sont déchirées entre elles dès le départ, et Lewis Hamilton, le vieux lion, est de retour, troisième et à nouveau déchaîné. Après avoir longuement attendu Norris, couché sur le sofa de la conférence de presse à écouter Bob Marley, le Britannique s'est allié avec son meilleur ennemi, un autre tyran de la F1 comme lui autrefois, Verstappen, pour se moquer à plusieurs reprises du malheureux Lando, surpris par le comportement des champions. Il s'agissait de déstabiliser l'autre, comme Hamilton le faisait avec Nico Rosberg autrefois.

Chacun veut prendre la place du champion, mais Verstappen n'était pas encore facile à déstabiliser, même si les premiers signes de l'écroulement de sa RB20 se faisaient sentir. « On souffre un peu en fin de chaque relais sur nos pneus, concluait avec philosophie le Néerlandais. Lando pouvait pousser plus dans certains virages. On a besoin d'optimiser la voiture. » L'usine de Milton Keynes fonctionne à plein régime pour avoir de gros développements avant l'été. « Pour l'instant, si nous gagnons, c'est parce que nous faisons, en tant qu'équipe, tout à la perfection. » Pour l'instant.

Hamilton, troisième, a longuement attendu Norris et Verstappen en conférence de presse.

Verstappen, ici avec Gianpiero Lambiase, son ingénieur (à gauche), et Rupert Manwaring, son physio, a soigneusement préparé son départ sur la grille.

Grand Prix 10/24 Résultats

Xe/ Position sur la grille
*Meilleur tour

- **1er** (+25) **M. Verstappen** (HOL) Red Bull — 2e/ — 1 h 28'20"227 (moy. : 208,682 km/h)
- **2e** (+18) **L. Norris** (GBR) McLaren-Mercedes — 1er/ — à 2"219 — +1 — *1'17"115 au 51e tour
- **3e** (+15) **L. Hamilton** (GBR) Mercedes — 3e/ — à 17"790
- **4e** (+12) **G. Russell** (GBR) Mercedes — 4e/ — à 22"320
- **5e** (+10) **C. Leclerc** (MCO) Ferrari — 5e/ — à 22"709
- **6e** (+8) **C. Sainz** (ESP) Ferrari — 6e/ — à 31"028
- **7e** (+6) **O. Piastri** (AUS) McLaren-Mercedes — 9e/ — à 33"760
- **8e** (+4) **S. Perez** (MEX) Red Bull — 11e/ — à 59"524
- **9e** (+2) **P. Gasly** (FRA) Alpine-Renault — 7e/ — à 1'2"025
- **10e** (+1) **E. Ocon** (FRA) Alpine-Renault — 8e/ — à 1'11"889

Pilotes

APRÈS 10 GP SUR 24	Pts	ESP 23/6
1. Verstappen (HOL)	219	25
2. Norris (GBR)	150	18 +1
3. Leclerc (MCO)	148	10
4. Sainz (ESP)	116	8
5. Perez (MEX)	111	4
6. Piastri (AUS)	87	6
7. Russell (GBR)	81	12
8. Hamilton (GBR)	70	15
9. Alonso (ESP)	41	-
10. Tsunoda (JAP)	19	-

BYBIT
ORACLE
VISA
OKX

Le lutteur du Ring

Lando Norris, contraint à l'abandon, a une nouvelle fois laissé filer l'opportunité de s'imposer. Et, au bout du compte, c'est George Russell qui en a profité...

On avait oublié combien il était difficile de doubler Max Verstappen. Voilà maintenant deux ans qu'il était trop seul au monde. Personne ne se souvient qu'à l'ultime Grand Prix de 2016 Nico Rosberg avait pesté lorsque son ingénieur chez Mercedes avait exigé qu'il s'attaque au pilote Red Bull alors encore débutant en F1. En Autriche, Lando Norris a remis cette particularité du champion néerlandais au goût du jour.
En trois courses, le Britannique de McLaren, pourtant rugueux à souhait, a montré au monde entier que Verstappen, certes, allait vite, mais que le dépasser demeurait toujours un exercice ô combien délicat voire

L'une des nombreuses et inefficaces attaques de Norris sur Verstappen au virage 3.

périlleux. Et en trois courses, Norris a aussi continué de montrer qu'il restait encore bien brouillon, pas franchement au niveau d'un champion du monde qu'il souhaite être. Au volant de la voiture actuellement la plus rapide du plateau, il aurait déjà pu en être à trois succès (deux Grands Prix et un sprint).

Un duel très accroché

Il a conclu son week-end autrichien sur un abandon lors de son ultime attaque. Et, comble de malheur, c'est à la suite d'un accrochage pour lequel le pilote Red Bull a été jugé coupable et pénalisé de dix secondes à l'arrivée. Alors, oui, Verstappen, cinquième en Autriche – tandis que le Britannique George Russell a remporté son deuxième GP après São Paulo en 2022 – a quitté Spielberg avec 10 points de plus d'avance au compteur sur ses deux poursuivants, Lando Norris et Charles Leclerc, mais désormais il va devoir lutter comme un forcené. Et rien ne lui sera donné car il a trouvé à qui parler. Le samedi, lors du sprint, la McLaren de l'Anglais était déjà venue le titiller. Et même le doubler. Mais trop naïf, trop tendre, Norris avait oublié de fermer à l'intérieur dans le virage suivant. Le champion, suivi par l'autre McLaren, celle d'Oscar Piastri, avait profité de sa bévue.
Le dimanche, profitant du dernier arrêt de Red Bull vendangé pour la n° 1, mis sous pression par une jolie stratégie, cette fois, des Oranges de Woking, l'impatient Anglais avait toutes les cartes en main pour enfin remettre sa majesté Max à sa place. Mais c'était sans compter ce virage 3 où tant de pilotes ont vu leur rêve de victoire se volatiliser. Après Nico Rosberg fracassé par Lewis Hamilton (2016), Leclerc par – déjà – Verstappen (2019), ce fut au tour de Norris de s'échouer dans ce run-off où une tribune a même été installée pour permettre au public de se régaler de ces dépassements de fou. Déjà, en début de course, Esteban Ocon et Pierre Gasly avaient servi d'amuse-bouche, provoquant l'admiration d'un Fernando Alonso spectateur.
À partir du 59e tour, ce fut un festival d'occasions gâchées pour Norris et de défenses plus que sauvages jusqu'à l'accrochage pour Verstappen qui a clairement franchi la limite. Pénalisé de dix secondes pour la course et de deux points sur son permis pour la saison, il a pourtant refusé de reconnaître son erreur. « Je pense que je suis le mieux placé pour savoir ce que je fais et je n'ai pas fermé la porte », s'est-il contenté de répondre, droit dans ses bottes, comme à chaque fois qu'il est sous les projecteurs pour son pilotage discutable.

McLaren offensif mais trop tendre

Soudain, cette saison qui fleurait bon la camomille commence à sentir la poudre. Une voiture est capable de se battre avec la Red Bull de Verstappen. Et, pour l'instant, l'un de ses pilotes, Norris, ne craint pas de se frotter au redoutable Néerlandais même si les attaques du pilote McLaren restent encore très brouillonnes. Sur la piste, il a montré qu'il n'avait pas peur. Et dans le paddock il n'a pas craint de marquer son territoire face à son ami. « Je ne sais pas si nous resterons copains, a-t-il lancé vertement, une semaine après avoir été moqué en conférence par son pote justement pour une première attaque. Cela dépendra de sa manière de se justifier. S'il reconnaît sa faute, alors, je garderai un peu de respect pour lui. »

« Je ne sais pas si nous resterons copains. Cela dépendra de sa manière de se justifier. »

Lando Norris

La Red Bull de Verstappen qui ne souffre que d'une crevaison pourra repartir et finir 5e.

Norris, sa McLaren trop endommagée, est contraint à l'abandon.

À la surprise générale, c'est George Russell qui gagne la course alors qu'il comptait près de vingt secondes de retard sur le duo Norris-Verstappen avant leur accrochage.

« Le monde entier sait qui a été coupable dans cet accrochage. Max et Red Bull n'avaient pas besoin de faire cela. »

Andrea Stella, patron de McLaren

Norris a montré qu'il était tendre. Lui et McLaren, même si l'équipe monte en puissance et s'habitue à la haute altitude. Un peu faible en stratégie à Barcelone, son équipe fut parfaite à Spielberg, pensant même à respecter les cinq secondes de pénalité (pour avoir dépassé les limites de la piste, justement, à cause de ces attaques un peu folles) avant de toucher la voiture pour la rentrer au garage avant l'abandon, évitant ainsi à son pilote une pénalité de cinq places en Angleterre.
Andrea Stella, le boss de McLaren d'ordinaire si réservé, a également sorti la sulfateuse des grands jours. « Le monde entier sait qui a été coupable dans cet accrochage, a-t-il lancé. Max et Red Bull n'avaient pas besoin de faire cela. » Les mots ne font pas gagner des titres. Les actions, si. Norris, dès le jeudi de Silverstone, aura rangé ses rancœurs, continuant de ronger son frein en perdant bêtement des points. McLaren continuera de crier et de se tromper, perdant bêtement des points.

Grand Prix 11/24 Résultats

Xe/ Position sur la grille
*Meilleur tour

Pos.	Pts	Grille	Pilote	Écurie	Temps / écart
1er	+25	3e	**G. Russell** (GBR)	Mercedes	1 h 24'22''798 (moy. : 217,998 km/h)
2e	+18	7e	**O. Piastri** (AUS)	McLaren-Mercedes	à 1''906
3e	+15	4e	**C. Sainz** (ESP)	Ferrari	à 4''533
4e	+12	5e	**L. Hamilton** (GBR)	Mercedes	à 23''142
5e	+10	1er	**M. Verstappen** (HOL)	Red Bull	à 37''253
6e	+8	9e	**N. Hülkenberg** (ALL)	Haas-Ferrari	à 54''088
7e	+6	8e	**S. Perez** (MEX)	Red Bull	à 54''672
8e	+4	12e	**K. Magnussen** (DAN)	Haas-Ferrari	à 1'0''355
9e	+2	11e	**D. Ricciardo** (AUS)	Racing Bulls-Red Bull	à 1'1''169
10e	+1	13e	**P. Gasly** (FRA)	Alpine-Renault	à 1'1''766

Pilotes

APRÈS 11 GP SUR 24	Pts	AUT 30/6
1. Verstappen (HOL)	237	10 +8
2. Norris (GBR)	156	+6
3. Leclerc (MCO)	150	+2
4. Sainz (ESP)	135	15 +4
5. Perez (MEX)	118	6 +1
6. Piastri (AUS)	112	18 +7
7. Russell (GBR)	111	25 +5
8. Hamilton (GBR)	85	12 +3
9. Alonso (ESP)	41	-
10. Tsunoda (JAP)	19	-

PIRELLI
1ST
SILVERSTONE
PETRONAS

Le retour du roi

Vainqueur pour la neuvième fois à Silverstone, Lewis Hamilton est devenu, à 39 ans, le plus vieux vainqueur du XXIe siècle, mais aussi le recordman de victoires sur une même piste.

Après trois ans sans gagner, Lewis Hamilton a retrouvé le chemin du succès, sur sa piste de Silverstone, devant les siens.

Il faut respecter les légendes, ne jamais les enterrer. Lewis Hamilton fait partie de ces mythes déjà inscrits au panthéon et il a choisi le plus bel endroit pour encore mieux s'y installer grâce à son retour sur la plus haute marche. Devant les siens, il ne pouvait rêver d'une plus belle consécration. Elle fut à la hauteur de ce que le Britannique a réalisé après deux saisons de disette. Sa dernière victoire remontait à Djeddah en 2021. Il était alors en bataille pour une huitième couronne qui l'aurait placé, seul, au firmament. La semaine suivante, ce fut le GP d'Abu Dhabi qu'il mena de main de maître jusqu'au très controversé dernier tour et ce dépassement de Max Verstappen qui le priva de titre.
Ce drame vient d'être balayé. D'une pluie toute anglaise, d'un soleil tout anglais et d'un pilotage tout anglais également. À 16 h 25 min 41 s, Hamilton est redevenu très grand. Les 163 000 spectateurs du « temple du sport auto », comme Silverstone s'est très modestement autobaptisée avec raison, ont hurlé leur bonheur. Ils savent le faire, car depuis 2008, ils l'avaient déjà hurlé huit fois. Qu'il pleuve, qu'il vente, que la chaleur les écrase ou que le froid les saisisse, ils ont toujours été là. Et Hamilton les a toujours soignés.

Le tracé de sa majesté Hamilton

Chaque année, il leur a apporté le réconfort ou le bonheur en venant les visiter pour leur apporter de la bière ou de la viande pour leur barbecue. Vendredi, c'était un curry « pour les réchauffer ». Un plat qu'il avait prévu de déguster après la course pour se récompenser, en attendant le *roast* (le rôti du dimanche), secret de son succès comme il nous l'avait confié après la qualification, qu'il savourera une fois les célébrations achevées. À Londres, Buckingham est le palais de la royauté britannique. À Silverstone, dans le Buckinghamshire, ce tracé est celui de Sa Majesté Lewis. Une ligne droite, celle des stands, porte même son nom. C'est bien simple, en dix-huit participations, l'empereur en a croqué neuf. Un record.
En 2008, pour sa première victoire sur ses terres, Hamilton avait signé un chef-d'œuvre, collant une danse à toute la concurrence. En bon *Briton*, il avait parfaitement maîtrisé une pluie bien locale. Pour son neuvième succès à la maison, il en a fait de même dans des conditions bien plus changeantes et piégeuses.
Cette victoire est un résumé du talent de ce jeune homme de 39 ans qui n'aurait, pour rien au monde, voulu quitter Mercedes (pour Ferrari en 2025) sans regagner à nouveau sur cette Flèche d'Argent qui lui a tant donné. C'est d'ailleurs son ingénieur, Peter Bonnington, qui eut les honneurs champanisés du podium.
Pour triompher, il fallait connaître son petit manuel de l'Angleterre, tenir le cerceau sur cette piste qui alternait entre sec et mouillé, savoir lire les nuages, deviner la bonne gomme. Et surtout tenir la pression. Hamilton, 104 victoires au compteur désormais en F1, a su faire tout

C'est son ingénieur Peter Bonnington, alias Bono, qui est monté sur le podium à ses côtés.

cela sans trembler. Le samedi, après la qualification, on le sentait comme agacé d'avoir manqué la pole position. Lors de la course, il s'est défait de George Russell après avoir guetté le bon moment. Les premières gouttes venaient de perler quand il déposa son équipier (18e tour). Lorsque l'averse est tombée et qu'il est sorti trop large, il n'a pas lutté contre les McLaren, trop rapides à ce moment-là. En 2020, pour son septième sacre, à Istanbul, il avait déjà laissé passer l'orage, gérant ses gommes dans le peloton avant de venir brillamment croquer tout le monde.

De l'émotion après tant de doutes

Même scénario cette année pour le Britannique qui, comme à la belle époque, dictait ses conditions à son ingénieur. « Bono » lui annonçait la pluie, Hamilton le contredisait. Il lui proposait des intermédiaires, le pilote le reprenait sèchement. Lorsque le soleil revint enfin, il fallut choisir le moment idéal pour repasser en slicks. Oscar Piastri, sans doute le plus rapide ce jour-là, avait tout perdu en restant un tour de trop en début de course, condamné par son équipe. Au 38e tour, le pilote Mercedes décida de chausser des tendres. Lando Norris, qui avait la course en main, resta à son tour en piste comme son équipier en début de GP. Un tour trop tard face à un tel monstre, c'est déjà dur, mais lorsqu'il faut aussi tenir ses nerfs, cela devient trop dur. La McLaren s'arrêta trop loin et l'arrêt dura trop longtemps. Sa Majesté Lewis pouvait savourer son bonheur, même s'il avoua avoir dû finir *full attack* face au retour de l'ogre Max Verstappen qui croqua, au passage, Norris, trop tendre.
Le reste fut un moment extraordinaire : Hamilton avec son drapeau de l'Union Jack face à ses tribunes. Il était ému aux larmes dans son tour de célébration, avant d'enserrer longuement Anthony, son paternel, sans bouger. Il

Il fallait maîtriser cette météo anglaise pour gagner et éviter toutes les chausse-trappes de ce circuit si piégeux.

retenait les derniers sanglots de son bonheur, quelques secondes plus tard, devant cette foule qui l'aime tant. Le Britannique a reconnu avoir douté après Abu Dhabi 2021, mais il était heureux d'avoir à nouveau gagné « 945 jours après » son dernier succès. À ses côtés, une légende, Verstappen, très discret, était agacé de voir toute la lumière tourner vers son meilleur ennemi. Agacé aussi de ne toujours plus gagner, même s'il a encore accru son avance au championnat.

Tout à son bonheur, Hamilton est parti célébrer devant les tribunes de Silverstone ce retour sur la plus haute marche.

Devant la piste envahie, le héros du jour est revenu sur les grilles qui protègent les stands se faire acclamer.

Son père, Anthony, fut l'un des premiers à le féliciter à sa descente de voiture.

Grand Prix 12/24 Résultats

Xe/ Position sur la grille
*Meilleur tour

1er **L. Hamilton** (GBR) Mercedes +25 — 2e — 1h22'27"059 (moy. : 222.822 km/h)

2e **M. Verstappen** (HOL) Red Bull +18 — 4e — à 1"465

3e **L. Norris** (GBR) McLaren-Mercedes +15 — 3e — à 7"547

4e **O. Piastri** (AUS) McLaren-Mercedes +12 — 5e — à 12"429

5e **C. Sainz** (ESP) Ferrari +10 — 7e — à 47"318 — +1 — *1'28"293 au 52e tour

6e **N. Hülkenberg** (ALL) Haas-Ferrari +8 — 6e — à 55"722

7e **L. Stroll** (CAN) Aston Martin-Mercedes +6 — 8e — à 56"569

8e **F. Alonso** (ESP) Aston Martin-Mercedes +4 — 10e — à 1'03"577

9e **A. Albon** (THA) Williams-Mercedes +2 — 9e — à 1'08"387

10e **Y. Tsunoda** (JAP) Racing Bulls-Red Bull +1 — 13e — à 1'19"303

Pilotes

APRÈS 12 GP SUR 24	Pts	GBR 7/7
1. Verstappen (HOL)	255	18
2. Norris (GBR)	171	15
3. Leclerc (MCO)	150	-
4. Sainz (ESP)	146	10 +1
5. Piastri (AUS)	124	12
6. Perez (MEX)	118	-
7. Russell (GBR)	111	-
8. Hamilton (GBR)	110	25
9. Alonso (ESP)	45	4
10. Stroll (CAN)	23	6

McLaren des embrouilles

Si l'écurie anglaise a signé son premier doublé depuis 2021 avec la victoire d'Oscar Piastri devant Lando Norris, l'équipe s'est mise dans une position délicate avec ses pilotes.

C'est contraint et forcé que Norris vient ranger sa McLaren devant le numéro 2 du parc fermé. Il a un temps mené la course avant d'obtempérer et laisser Piastri reprendre la première place.

Ce n'est plus un accident, ni une révolte passagère des F1 concurrentes. Ce Grand Prix de Hongrie l'a démontré : Red Bull n'est plus la meilleure voiture du plateau. La nouvelle fusée qui domine la concurrence est la McLaren, longuement mitonnée à Woking depuis le début de l'année. Ceux qui questionnent son aileron avant, qu'ils trouvent trop flexible, en seront pour leurs frais. Surveillé par des caméras en Belgique une semaine plus tard, il sera blanchi par la FIA à Zandvoort tout comme celui de Mercedes.
L'histoire de ce GP aurait dû se limiter à célébrer le brillant vainqueur du jour, le septième de la saison, Oscar Piastri, au volant de cette McLaren au-dessus de la concurrence. Encenser le petit prodige aussie dont on reparlera. Le doublé des deux F1 couleur papaye a malheureusement été éclipsé par les échanges en fin de course entre l'écurie et Lando Norris, alors en tête. Comment l'écurie mythique aux douze titres pilotes et huit titres Constructeurs a-t-elle pu se mettre dans une situation si embarrassante ? Tout simplement parce qu'elle possède ce don dans ses gènes, elle qui a fait exploser le duo Senna-Prost dans les années 1990 puis la doublette Alonso-Hamilton en 2007.
À Woking, on n'a pas peur de se placer dans ce genre de situation en recrutant deux excellents pilotes, placés à situation d'égalité. Après, il faut gérer, et manifestement l'écurie a oublié le mode d'emploi de la gestion de vainqueurs.

Des consignes surprenantes

En qualifications, les F1 de Norris et Piastri avaient trusté la première ligne, ce que McLaren n'avait pas connu depuis douze ans (Brésil 2012). La victoire leur était promise et elle leur est bien tombée dans les bras. Le prix à payer a malheureusement été plus lourd que prévu. Dès le départ, Piastri – qu'Alpine a eu la bêtise d'ignorer il y a exactement deux ans en le laissant quitter Enstone pour Woking – réussissait à prendre le dessus sur son équipier parti en pole. Si l'Australien ne commettait pas d'erreur, il semblait évident qu'on ne le reverrait plus. Et puis, McLaren retomba dans ses travers. Ses deux voitures se promenaient. Même Verstappen, pestant contre ses freins, sa stratégie, son équipe, son ingénieur, ne pouvait rien, relégué à dix secondes. Pourquoi, dans ces conditions paisibles, offrir au deuxième – Norris – la chance de doubler au stand le leader en l'arrêtant avant ? Et pourquoi

« Cette décision était la bonne. »

Lando Norris

Encore le syndrome du premier virage pour Norris qui défend sur Verstappen, oubliant son équipier Piastri qui le passe à l'intérieur.

ensuite demander au nouveau leader, à qui l'on a offert cette position, de la rendre à son équipier, au vu et au su de tout le monde ? McLaren aurait-elle, comme Ferrari à Singapour en 2019, sous-estimé la puissance de « l'undercut », ce tour rapide dont bénéficie le pilote équipé de pneus neufs ? Ou tout simplement oublié que la chose était possible ? Dans les deux cas, c'est une faute.

L'équipe offrit ce triste spectacle d'un ballet de messages radio intimant à un Norris sur le point de remporter sa deuxième course de la saison de laisser passer Piastri. Les échanges lors de ces quinze derniers tours de la course ont été assez gênants, d'autant plus pour une écurie qui se bat pour le titre Constructeurs. Le pilote anglais refusa longtemps avant de céder devant la menace à peine voilée de la murette lui rappelant qu'un championnat du monde se remportait en équipe et qu'il aurait, plus tard, besoin de Piastri.

Le passage au stand qui a tout changé : Norris vient de faire l'undercut à l'autre McLaren.

Norris pourrait le regretter

En bon élève, devant les médias, Norris répétait la leçon, à moins qu'il n'ait retrouvé entre-temps son statut de gendre idéal. « Je n'ai pas donné la victoire à Oscar, affirmera-t-il souriant à plusieurs reprises. J'ai perdu la victoire en ratant la bonne trajectoire. Cette décision était la bonne. » À ses côtés, Piastri, froid comme la machine à gagner qu'il est en train de devenir, ne bronchait pas, alors qu'il avait couru avec des côtes fêlées, ce qui doit être très douloureux.

L'Australien venait de prendre l'ascendant sur son expérimenté équipier et de faire vaciller la statue du Commandeur que Zak Brown, le PDG de McLaren, a patiemment édifiée pour son poulain anglais. Alain Prost nous racontait il y a quelques années combien il avait souffert de voir la manière dont Ron Dennis, alors patron de McLaren, avait eu brutalement les yeux de Chimène pour le jeune Ayrton Senna, oubliant soudain tout ce que le champion français avait fait pour l'équipe.

Le samedi, Andrea Stella, le patron de l'écurie, avouait après la remarquable qualification de ses voitures que l'écurie avait besoin de réapprendre à gagner. Pour perdre ou se mettre dans l'embarras, elle n'a besoin de personne. « Nous pouvons revenir sur Red Bull et combler notre retard, s'enthousiasmait Norris à l'arrivée. Si Red Bull continue de faire des fautes, on peut tout changer. » Si, à Abu Dhabi, il lui manque sept points pour battre Verstappen, il regrettera d'avoir lâché cette victoire par esprit d'équipe ou par naïveté. En 2015, lors de sa première saison en F1, le Néerlandais avait, lui, refusé d'offrir la cinquième place à son équipier de l'époque, Carlos Sainz.

Piastri apprend vite

L'Australien de 23 ans a remporté son premier Grand Prix après seulement 35 départs. Monstre de sang-froid, il ne s'est même pas agacé quand son équipier rechignait à lui rendre la première place.

Il n'y a pas mieux que la *cool room* (la salle où les trois premiers se retrouvent après la course) pour comprendre, en un instant, qui vient d'éclore au plus haut niveau. Pendant que Lewis Hamilton (3e) et Lando Norris (2e) se chicanaient sur les qualités de la McLaren, Oscar Piastri regardait paisiblement à la télévision les meilleurs moments de ce Grand Prix de Hongrie 2024 qui restera comme sa première victoire en Formule 1. Assis dans ce fauteuil dont il rêvait depuis son enfance, il s'essuyait le visage calmement, comme il l'avait fait lors de ses quatre podiums précédents. Même si, cette fois, il s'agissait de la première place. « Depuis que je suis petit, je rêvais d'abord de piloter une F1 et ensuite de gagner, racontera-t-il une demi-heure plus tard à la presse, dans un discours très posé. C'est incroyable d'être sur un podium mais c'est encore mieux d'être là-haut sur la plus haute marche. »

Ceux qui espéraient le même maelström d'émotions comme quinze jours avant avec les larmes d'Hamilton à Silverstone repasseront. Circulez, il n'y a rien à voir. « Je ne suis pas un émotif », se contenta de lâcher le jeune pilote. En public, faut-il préciser. Car, en privé, cette froide machine à gagner – de 2019 à 2021, il a remporté les championnats de Formule Renault Eurocup, de Formule 3 puis de Formule 2 – peut se transformer en un sacré plaisantin, ou être une vraie boule de nerfs qui part, seule, se calmer dans son coin sans avoir besoin de personne, raconte son manager, Mark Webber.

Même pour son premier succès, Oscar Piastri n'est guère démonstratif.

L'ex-pilote de Red Bull est pour beaucoup dans la réussite de cette pépite de Melbourne, née à quelques kilomètres de l'Albert Park, vouée à devenir le troisième champion du monde australien, après Jack Brabham et Alan Jones. Même si Webber n'était plus en Hongrie pour assister au premier succès en Grand Prix de son poulain, il ne ménage pas ses efforts pour Piastri. C'est lui qui, il y a deux ans, réussit à sécuriser le baquet chez McLaren alors qu'Alpine, avec qui l'Australien avait pourtant fait ses gammes, hésitait à le sortir de son rôle de pilote de réserve. Au quotidien, l'ancien équipier de Vettel veille sur l'Australien et n'hésite pas à le remettre à sa place pour qu'il garde les pieds sur terre. Quand, il y a un an, Piastri s'est imposé lors de la course sprint du Qatar, Webber nous confia l'avoir gentiment recadré juste après. « Je l'ai félicité aussi, glissa-t-il dans un sourire. Mais je lui ai demandé de ranger sa chambre. Une victoire n'autorise pas tout. »

Le message, comme toujours avec Piastri, est bien passé. Sans heurts. Même en Hongrie, à la radio, il ne s'énerva pas en constatant que Norris refusait de lui rendre la place qui était la sienne avant le dernier changement de pneus. « J'apprends à chaque course », déclara-t-il avant de monter sur le podium. Et il apprend vite…

Grand Prix 13/24 Résultats

Xe/ Position sur la grille
*Meilleur tour

Pos.	Points	Pilote	Écurie	Grille	Temps / écart
1er	+25	O. Piastri (AUS)	McLaren-Mercedes	2e	1h38'01"989 (moy. : 187,669 km/h)
2e	+18	L. Norris (GBR)	McLaren-Mercedes	1er	à 2"141
3e	+15	L. Hamilton (GBR)	Mercedes	5e	à 14"880
4e	+12	C. Leclerc (MCO)	Ferrari	6e	à 19"686
5e	+10	M. Verstappen (HOL)	Red Bull	3e	à 21"349
6e	+8	C. Sainz (ESP)	Ferrari	4e	à 23"073
7e	+6	S. Perez (MEX)	Red Bull	16e	à 39"792
8e	+4	G. Russell (GBR)	Mercedes	17e	à 42"368 +1 *1'20"305 au 55e tour
9e	+2	Y. Tsunoda (JAP)	Racing Bulls-Red Bull	10e	à 1'17"259
10e	+1	L. Stroll (CAN)	Aston Martin-Mercedes	8e	à 1'17"976

Pilotes

APRÈS 13 GP SUR 24	Pts	HON 21/7
1. Verstappen (HOL)	265	10
2. Norris (GBR)	189	18
3. Leclerc (MCO)	162	12
4. Sainz (ESP)	154	8
5. Piastri (AUS)	149	25
6. Hamilton (GBR)	125	15
7. Perez (MEX)	124	6
8. Russell (GBR)	116	4 +1
9. Alonso (ESP)	45	-
10. Stroll (CAN)	24	1

George Russell a tout donné.
Il a fini premier en s'arrêtant une seule fois mais ça n'a pas payé. L'Anglais sera disqualifié, sa voiture étant sous le poids minimal.

Mercedes, la grise mine

L'écurie allemande aurait dû signer un magnifique doublé en Belgique, mais George Russell, arrivé 1er, a finalement été disqualifié, et Lewis Hamilton a montré sa colère, malgré sa victoire.

C'est Fernando Alonso qui en parle le mieux. Oui, le vieux pas sage espagnol en sait long sur la Formule 1 et sur ses vicissitudes. « Karma », avait-il lancé à la radio en 2017 à Suzuka pour saluer l'abandon de Palmer après qu'ils se furent chicanés en piste. C'est avec cette même expression dans la tête que Lewis Hamilton a dû, au soir de ce merveilleux et plus indécis que jamais Grand Prix de Belgique, partir en vacances.
Car s'il a signé à Spa sa 105e victoire, c'est bien malgré lui et presque contre son équipe qu'il a gagné. Comme en Hongrie la semaine précédente, l'équipe la plus forte a trouvé le moyen de tout gâcher. Après les improbables consignes d'équipe de McLaren, Mercedes a décidé de se saborder aussi dans les Ardennes en choisissant son roi. Et elle l'a payée au prix fort, punie bien après l'arrivée par la déesse de la Justice en F1.

Le mea culpa de Toto Wolff

Elle avait en Belgique la voiture la plus rapide, et le doublé que ses pilotes avaient signé aurait dû la récompenser. Las, pour une erreur technique, une W15 sous le poids minimal (796,5 kg pour 798 kg réglementaires), la victoire de Russell s'en est allée en début de soirée, et le malheureux Hamilton, pourtant magnifique leader de la majeure partie de la course, a vu son équipe jouer contre lui.
Et à l'arrivée, le second pas encore promu ne cachait pas sa colère. Celle de ne pas avoir été écouté quand il avait émis l'idée de ne faire qu'un seul arrêt, stratégie que Russell fut le seul à tenter, avec succès. « J'ai juste dit que les pneus étaient bien, et je suis content de partir en vacances d'été », a-t-il fini par lâcher quand il a été relancé sur la question tactique qu'il avait fortement critiquée devant les télévisions plus tôt.

« Perdre un doublé est frustrant. »

Toto Wolff, patron de l'écurie Mercedes

La Mercedes (ici celle de Russell) était en Belgique la voiture la plus performante mais c'est Hamilton (deuxième en bas) qui sera sacré.

Russell, lui, était alors rayonnant, expliquant qu'il avait fini par croire à la victoire à 15 tours de l'arrivée lorsque, à chaque passage au virage de l'Eau rouge, il regardait un écran géant et voyait les écarts avec ses concurrents en gommes plus fraîches se réduire moins vite qu'il ne le craignait. « J'étais dans un rythme, je n'avais aucun retardataire devant moi, c'était presque comme conduire dans le simulateur », détailla-t-il sur ses sensations au volant. Il déchantera peu après, décrivant « un crève-cœur » sur une publication Instagram réagissant à sa disqualification. Quinze jours plus tard, Mercedes expliquera l'erreur par une forte perte de poids de son pilote à cause de la chaleur et de la déshydratation, l'usure des pneus

(Mario Isola – directeur technique de Pirelli – parlait de près de 30 g par pneu) et du plancher, frottant fortement au passage de l'Eau Rouge.

Verstappen à qui perd gagne

«Nous avons fait une erreur, reconnaîtra Toto Wolff, le patron de Mercedes. Perdre un doublé (le premier depuis le Brésil 2022) est frustrant et nous ne pouvons que nous excuser auprès de George qui avait réalisé une telle course. » Soulignant que Hamilton méritait cette victoire car il était le pilote le plus rapide sur la stratégie à deux arrêts, employée par le reste de la grille, l'Autrichien se voulait positif : « Notre voiture était la référence aujourd'hui sur deux stratégies différentes, cela aurait été inconcevable il y a quelques mois. »
Pendant que les équipes se ratent les unes après les autres, le leader du championnat, lui, poursuit sa marche tranquille. Même si sa Red Bull continue de souffrir, même s'il n'a plus gagné depuis quatre courses, ce qu'il n'a plus connu depuis... 2020, Max Verstappen est parti en vacances comblé. Les autres s'égarent, et lui avance. « C'était une bonne journée, où j'ai fait grandir l'écart au championnat alors qu'il aurait dû se réduire », justifiait le Néerlandais. Malgré sa onzième place sur la grille (après sa pénalité pour un changement de moteur), le triple champion du monde a terminé juste devant Lando Norris – encore une fois mangé par son jeune équipier Oscar Piastri – et fait grimper l'écart à 78 points avec celui qui reste son plus proche rival pour le titre.

Toto Wolff aurait pu avoir tout bon et signer un doublé. Il n'aura que le vainqueur, Hamilton, et sa colère, pour se consoler.

Lando Norris, cinquième à l'arrivée, termine encore derrière Verstappen, qui était pourtant parti onzième.

Grand Prix 14/24 Résultats

X^e/ Position sur la grille
*Meilleur tour

1er +25 — **L. Hamilton** (GBR) — Mercedes — 3e/ — 1h19'57"566 (moy. : 231,156 km/h)

2e +18 — **O. Piastri** (AUS) — McLaren-Mercedes — à 0"647 — 5e/

3e +15 — **C. Leclerc** (MCO) — Ferrari — à 8"023 — 1er/

4e +12 — **M. Verstappen** (HOL) — Red Bull — à 8"700 — 11e/

5e +10 — **L. Norris** (GBR) — McLaren-Mercedes — à 9"324 — 4e/

6e +8 — **C. Sainz** (ESP) — Ferrari — à 19"269 — 7e/

7e +6 — **S. Perez** (MEX) — Red Bull — à 42"669 — 2e/ — +1
*1'44"701 au 44e tour

8e +4 — **F. Alonso** (ESP) — Aston Martin-Mercedes — à 49"437 — 8e/

9e +2 — **E. Ocon** (FRA) — Alpine-Renault — à 52"026 — 9e/

10e +1 — **D. Ricciardo** (AUS) — Racing Bulls-Red Bull — à 54"400 — 13e/

Pilotes

APRÈS 14 GP SUR 24	Pts	BEL 28/7
1. Verstappen (HOL)	277	12
2. Norris (GBR)	199	10
3. Leclerc (MCO)	177	15
4. Piastri (AUS)	167	18
5. Sainz (ESP)	162	8
6. Hamilton (GBR)	150	25
7. Perez (MEX)	131	6 +1
8. Russell (GBR)	116	-
9. Alonso (ESP)	49	4
10. Stroll (CAN)	24	-

ROUND 15
NETHERLANDS
1
7-ELEVEN

Norris, nouvel Orange

Le Britannique a écrasé le GP des Pays-Bas, en pilotant à la manière de Max Verstappen, deuxième à plus de vingt secondes.

Norris peut triompher.
Il vient d'humilier Verstappen devant les siens au terme d'une course parfaitement maîtrisée.

La perfection n'est pas de ce monde. Même pas pour Lando Norris qui a, encore une fois, loupé son départ en ce dimanche batave. Ce sera sans doute la seule erreur qu'on pourra lui imputer sur cette course tant sa maîtrise sur le week-end fut impressionnante. Lui qu'on accusait d'avoir un mental friable, de ne pas tenir la pression, a rendu, au retour des vacances, une copie époustouflante qui a dû faire très mal à son copain et voisin de Monaco, Max Verstappen.

Une pole, un meilleur tour en course et une victoire, voilà qui fait du bien au gentil Lando Norris qui, en ne changeant rien, est peut-être en train de tout changer. Le paysage qu'il est train de dessiner avec son équipier Oscar Piastri – seulement 4e mais à cause d'une stratégie une nouvelle fois discutable de McLaren – redistribue grandement les cartes. On se gardera donc de tomber sur l'écurie de Woking pour cette faute vénielle. Car le travail délivré par les hommes d'Andrea Stella est tout simplement hallucinant. Ce qu'il s'est passé à Zandvoort ressemble grandement à un passage de témoin. Jusqu'à cette année, Max Verstappen était invaincu dans son fief des Pays-Bas. Il ne l'est plus. Pire, il s'est fait étriller par le Britannique. Pour retrouver une McLaren plantant vingt secondes au second sur le sec, il faudra faire appel à vos grands-parents. Lewis Hamilton et Jenson Button n'y arrivaient pas (*),

> **« Le rythme de la voiture était tout simplement hallucinant. Je ne pensais pas que tout irait si bien. »**
>
> **Lando Norris**

(*) Lewis Hamilton, pour sa première victoire à Silverstone en 2008, avait humilié ses poursuivants, reléguant au volant de sa McLaren la BMW Sauber de Nick Heidfeld à plus d'une minute, mais c'était sous la pluie.

Max Verstappen avait pourtant viré en tête du premier virage de « son » GP, celui qu'il n'avait jusque-là jamais perdu. Norris viendra brillamment mettre fin à cette série de trois victoires pour gagner devant les compatriotes du Néerlandais.

et il faut remonter au GP du Brésil quand Montoya et Häkkinen ont collé une danse à celui qui allait devenir champion, un certain Fernando Alonso. Il ne fait désormais plus aucun doute que la MCL38 est la voiture la plus rapide du plateau. Quand Red Bull, Mercedes ou Ferrari tardent à optimiser les nouveautés apportées, McLaren ne rate pas sa cible. Et quand elle ne se mélange pas les micros dans d'improbables stratégies fumeuses, qu'elle choisit un objectif et un pilote, cela fonctionne. Premières évolutions en mai à Miami et première victoire de l'année, déjà signée Norris. Secondes améliorations installées à Zandvoort converties aussi en succès. En frappant fort les esprits et surtout la concurrence.
D'autant plus fort que, malgré l'énorme débours qu'il affichait à cette reprise (78 points), le pilote anglais (24 ans) a clairement maximisé le résultat, grignotant – à la manière de Verstappen – le point du meilleur tour dans l'ultime boucle.

Verstappen ne s'affole pas

Le Néerlandais a découvert sur ses terres le retour à la normale. « J'ai souffert tout le week-end, et nous avons du mal à régler nos problèmes, analysait-il calmement lors de la conférence de presse d'après-course. On est lents et, en plus, on abîme les pneus. C'est surprenant parce que c'était notre force avant. On ne doit pas paniquer. On doit juste régler notre problème. » Pas question donc de s'affoler pour un champion qui allait attendre une semaine de plus pour allumer le feu à Monza.
À ses côtés, Norris, incroyablement bavard, restait également très mesuré tout en assumant son statut de

candidat à la couronne. « Une victoire, c'est toujours satisfaisant mais le rythme de la voiture était tout simplement hallucinant. Je ne pensais pas que tout irait si bien. Pour le championnat, je me bats pour le titre depuis le début de saison. Il me reste encore 70 points à prendre. C'est beaucoup. Il faut juste que je prenne une course après l'autre et fasse des week-ends parfaits comme celui-là. » Hormis son départ cafouillé, il n'y avait vraiment rien à reprocher à ce Norris totalement transformé et relancé.

Lando Norris
a vécu une course très solitaire et sans souci.

Max Verstappen, ici entouré
du Dr Marko et de Christian Horner, a minimisé la casse en terminant deuxième, mais il s'est pour la première fois fait battre sur ses terres.

Grand Prix 15/24 Résultats

Xe/ Position sur la grille
*Meilleur tour

- **1er** +25 — 1er/ — **L. Norris** (GBR) McLaren-Mercedes — +1 — 1h30'45''519 (moy. : 202,682 km/h) — *1'13''817 au 72e tour
- **2e** +18 — 2e/ — **M. Verstappen** (HOL) Red Bull — à 22''896
- **3e** +15 — 6e/ — **C. Leclerc** (MCO) Ferrari — à 25''439
- **4e** +12 — 3e/ — **O. Piastri** (AUS) McLaren-Mercedes — à 27''337
- **5e** +10 — 10e/ — **C. Sainz** (ESP) Ferrari — à 32''137
- **6e** +8 — 5e/ — **S. Perez** (MEX) Red Bull — à 39''542
- **7e** +6 — 4e/ — **G. Russell** (GBR) Mercedes — à 44''617
- **8e** +4 — 14e/ — **L. Hamilton** (GBR) Mercedes — à 49''599
- **9e** +2 — 9e/ — **P. Gasly** (FRA) Alpine-Renault — à 1 tour
- **10e** +1 — 7e/ — **F. Alonso** (ESP) Aston Martin-Mercedes — à 1 tour

Pilotes

APRÈS 15 GP SUR 24	Pts	HOL 25/8
1. Verstappen (HOL)	295	18
2. Norris (GBR)	225	25 +1
3. Leclerc (MCO)	192	15
4. Piastri (AUS)	179	12
5. Sainz (ESP)	172	10
6. Hamilton (GBR)	154	4
7. Perez (MEX)	139	8
8. Russell (GBR)	122	6
9. Alonso (ESP)	50	1
10. Stroll (CAN)	24	-

VGW
PLAY

Carletto imperator rouge

Leclerc a remporté pour la seconde fois de sa carrière le GP d'Italie, à la barbe des deux McLaren au terme d'une course maîtrisée.

Leclerc avait déjà connu la joie de ce podium de Monza. Pour son second succès devant les tifosi, il a tenu à en profiter encore plus, tout à son bonheur.

La vague est montée doucement, imperceptiblement avant de finalement tout emporter. Le toujours surprenant tsunami rouge qui s'est déversé sur la piste de Monza était prévu. Il était attendu. Il était espéré. Lorsqu'au 39e tour, Piastri finit par rentrer au stand, les chênes centenaires du Parco Reale sont devenus sourds, et les écureuils qui les habitent ont dû fuir devant la furia qui s'est emparée des tribunes. Deux Ferrari se retrouvaient en tête de la course. Le seraient-elles encore quinze tours plus tard ? Le suspense pour Sainz ne dura pas. En revanche pour Charles Leclerc, l'adoubé Carletto, celui que les médias italiens ont baptisé *Il Predestinato* depuis son premier succès dans le Temple de la vitesse (2019), la peur de voir revenir l'Australien résonnait dans les gradins. À chaque passage de la Ferrari frappée du 16, durant quatorze tours, ce fut le même scénario.
La fureur du moteur jaillissant de la Parabolique, suivie des hourras de la foule et achevée par le piétinement des tribunes. Les secondes d'avance avaient beau fondre, le rythme des tifosi est resté immuable, à l'image de la régularité ahurissante des chronos du Monégasque. Vingt-six tours consécutifs sans un tressaillement. Tous réalisés sur ces gommes dures qui avaient pourtant renvoyé aux stands les deux McLaren l'une après l'autre.
Pas le métronome de la Scuderia qui aura murmuré à ses pneus pendant que Norris et Piastri les ravageaient. Vingt-six tours dans la même seconde qui se tiennent entre 1'23''226 et 1'23''972. De quoi assurer, certes la victoire, mais aussi faire trembler les supporters qui évacuaient leur tension dans ce magnifique hourvari tour après tour.
Et ce splendide, ce somptueux, ce merveilleux final lorsque le footballeur Alessandro Del Piero libéra le stade, tous les tifosi et même toute l'Italie en abaissant le drapeau à damier devant la voiture rouge tant adulée. Leclerc, à la radio, hurlait son bonheur en italien et les tribunes grondaient leur joie dans le même dialecte.

McLaren, le nouvel échec

Devant cette foule digne d'un imperator, celui qui a déjà vécu ce bonheur hors norme restera longtemps sur le podium. Pour profiter une nouvelle fois de cet instant qui ne s'exprime pas, qui ne s'imprime pas mais qui se vit si bien. Surtout quand on gagne pour la Scuderia.
Les deux pilotes McLaren, eux, avaient quitté l'estrade depuis longtemps. L'un toujours imperturbable patientait ; l'autre toujours abattu ruminait.
Lando Norris s'est raté. Encore une fois. En Italie, il a pourtant pris un bon départ, cette fois. Le premier virage, il l'a bien passé. Le second, en revanche, beaucoup moins bien, et son équipier Oscar Piastri, sans état d'âme, a sauté sur l'occasion, plongeant à l'intérieur de la Variante de la Roggia pour le passer sans un regard. La McLaren en perdition voyait même la Ferrari de Leclerc en profiter. La messe, pour la victoire, était dite avant la fin de ce premier tour que le Britannique est donc incapable de boucler en tête.

Le podium de Monza, unique pour le vainqueur, mais aussi pour les tifosi.

La suite n'est que gommes et ratures. Un freinage de débutant pour commencer lors de son premier arrêt qui vient emplafonner le panneau d'entrée au stand et ensuite un cruel manque de tenue du pilote sur ses gommes, notamment l'avant gauche. La McLaren était devenue maîtresse dans l'art de préserver le pneumatique, et Norris passait pour un habile meneur de Pirelli. Pas ce week-end-là. Sans doute guère aidé par son équipe qui, une nouvelle fois, aurait pu tenter quelque chose de mieux.
Cette troisième place sur le podium va laisser un goût amer, même si le Britannique s'est encore payé le scalp de son ami et rival. Verstappen, lui, seulement sixième, ne tremble pas lorsqu'il faut servir. Deux tours avant que la McLaren ne lui revienne dans l'échappement, il avait tranquillement demandé l'autorisation de se battre. Deux tours à chicaner au volant de sa Red Bull devenue bien ordinaire pour retarder l'impétrant qui menaçait Sa Majesté avant de lâcher.

Verstappen critique envers la RB20

« Un point, c'est un point », glissera-t-il froidement à la radio, histoire de rappeler que si la course au titre Pilotes ne se passe pas si mal que ça (il conserve 62 points d'avance sur Norris), celle des Constructeurs, en revanche, tourne mal pour Red Bull. Huit unités seulement séparent McLaren des champions sortants après ce Grand Prix.
À l'arrivée, seuls les siens ont dû entendre le tir à balles réelles qu'il lança aux journalistes néerlandais : « L'an dernier, nous avions la voiture la plus dominante, et cette année, elle s'est transformée en monstre. »
De son côté, Christian Horner, le directeur de Red Bull, y est aussi allé de sa rafale, critiquant désormais ouvertement l'aileron avant des Mercedes et, surtout, des McLaren. Histoire de mettre la pression sur la FIA pour qu'elle interdise l'appendice si flexible. Aux Pays-Bas, après une inspection très poussée sur les vidéos faites au GP de Belgique, Nikolas Tombazis, le responsable du département monoplace de la FIA, avait réglé le problème d'un : « On verra l'an prochain », confirmé quelques jours plus tard par un communiqué de la FIA.
La vague rouge, elle, se moquait bien de ces ailerons. Elle a continué à faire tanguer l'Italie jusqu'à déferler sur Maranello, pourtant distante de plus de deux cents kilomètres. À minuit, lorsque les camions de la Scuderia sont arrivés à l'usine, c'est une nouvelle ola qui accueillit les vainqueurs. Un dernier soubresaut de cette hallucinante victoire.

Ferrari, le plan parfait

Pour l'emporter, la Scuderia s'est appuyée sur une gestion ingénieuse des pneus, en utilisant à son avantage l'asphalte tout neuf de Monza.
Le dimanche matin, devant son café, Frédéric Vasseur n'aime pas confier ses plans sur la course à venir. Ce qui ne veut surtout pas dire que le patron de la Scuderia n'a rien prévu. Il préfère attendre la fin de l'histoire pour donner ses choix. En sortant du briefing à Monza, il avait pourtant donné quelques indices sur la possibilité d'un seul arrêt. « À condition que, devant, les McLaren ne poussent pas trop, avait lancé Vasseur, avant de s'éclipser. Tout va dépendre de ce que vont faire les autres. Et de la manière dont nos pneus vont se comporter. »
Monza, cette année, s'est refait une beauté. De noir vêtu, son asphalte était neuf, vierge de toute donnée pour les écuries, qui s'enfonçaient donc dans l'inconnu. Le vendredi soir, après les essais libres 2, ceux qui conditionnent les choix de gommes du dimanche, il a fallu trancher dans le noir. Enfin pas totalement. D'autant que, depuis quelques semaines, au cul des camions et au sortir de l'entrepôt Pirelli où sont fixées les jantes aux pneus, il se murmure un secret qui ne l'est plus. « Si vous ne poussez pas les

gommes dans les deux-trois premiers tours, nous glissait sur la grille un ingénieur, alors vous limitez grandement la dégradation et surtout le graining. » Lewis Hamilton avait réalisé ce tour à la perfection en EL2 justement.
Durant le Grand Prix, les deux pilotes McLaren auraient dû en faire de même. Encore une erreur pour ceux qui veulent devenir champions à la place des champions. Ils

« Après dix tours en hard, on savait qu'on pouvait tenir. »

Frédéric Vasseur, patron de Ferrari

ont préféré attaquer, forts de la supériorité de leur voiture. Et, lors du second relais, ils ont commis la même bourde, passant tour après tour des meilleurs chronos, qui ont massacré leurs gommes. Pire, sans patience, dès l'apparition du graining, pas si fatal que ça, ils ont décidé de rentrer au stand. Ils avaient la meilleure voiture et étaient certains qu'ils allaient revenir. Si l'un d'eux avait attendu, la soirée n'aurait peut-être pas été aussi belle pour Ferrari.
Leclerc, lui, mijotait une sauce de son cru. Doucement, tendrement, longtemps. Surtout lors de ce second relais. « Après dix tours en hard, on savait qu'on pouvait tenir, expliquait Vasseur deux heures après l'arrivée, encore marqué par l'émotion de cette victoire, vécue en famille, sa femme et deux de ses fils étant dans les stands. Bon, on ne sait jamais de manière certaine, surtout ces derniers temps, mais Charles et Bryan (Bozzi, son ingénieur) ont fait un super boulot. » Même si le Monégasque l'emporta de peu. « On a calculé la manière de résister au retour de Piastri, poursuit le boss de Ferrari. Une fois les calculs faits, il suffisait de s'y tenir. » Facile quand on s'appelle Leclerc et qu'on est porté, emporté par la foule.

Pour tout Ferrariste, qu'il soit pilote ou tifoso, gagner à Monza est un must.

Norris a souffert pour doubler Verstappen et grignoter quelques points.

Grand Prix 16/24 Résultats

X^e/ Position sur la grille
*Meilleur tour

1er +25 (4e/) — **C. Leclerc** (MCO) — Ferrari — 1h14'40"727 (moy. : 246.7 km/h)

2e +18 (2e/) — **O. Piastri** (AUS) — McLaren-Mercedes — à 2"664

3e +15 (1er/) — **L. Norris** (GBR) — McLaren-Mercedes — à 6"153 — +1
*1'21"432 au 53e tour

4e +12 (5e/) — **C. Sainz** (ESP) — Ferrari — à 15"621

5e +10 (6e/) — **L. Hamilton** (GBR) — Mercedes — à 22"820

6e +8 (7e/) — **M. Verstappen** (HOL) — Red Bull — à 37"932

7e +6 (3e/) — **G. Russell** (GBR) — Mercedes — à 39"715

8e +4 (8e/) — **S. Perez** (MEX) — Red Bull — à 54"148

9e +2 (9e/) — **A. Albon** (THA) — Williams-Mercedes — à 1'07"456

10e +1 (13e/) — **K. Magnussen** (DAN) — Haas-Ferrari — à 1'08"302

Pilotes

APRÈS 16 GP SUR 24	Pts	ITA 1/9
1. Verstappen (HOL)	303	8
2. Norris (GBR)	241	15 +1
3. Leclerc (MCO)	217	25
4. Piastri (AUS)	197	18
5. Sainz (ESP)	184	12
6. Hamilton (GBR)	164	10
7. Perez (MEX)	143	4
8. Russell (GBR)	128	6
9. Alonso (ESP)	50	-
10. Stroll (CAN)	24	-

Dropbox
vmware
OP81

Piastri, naissance d'un grand

La victoire de l'Australien à Bakou a clairement marqué les esprits. Les pilotes, dont Charles Leclerc battu, et les observateurs étaient sous le charme du protégé de Mark Webber.

Deuxième victoire pour le jeune Australien et toujours autant de retenue pour la célébration.

Et soudain, il a plongé. Il a plongé et explosé au grand jour. Désormais, personne ne pourra plus dire qu'Oscar Piastri est un espoir en devenir. Ce freinage du 19e tour ne fut pas qu'un changement au classement du Grand Prix. Il fut une signature, celle de la marque des grands. À l'arrivée, dans la cool room, lorsque Charles Leclerc, le poleman battu et quelque peu abattu, regarda à nouveau cette attaque venue de nulle part, il soupira. Sans que l'on sache si c'était d'admiration ou de dépit. L'Australien, lui d'ordinaire si taiseux, si peu dans l'émotion, reconnaissait alors la gageure du freinage. « Quand j'ai posé le pied sur le frein, c'était du 50-50 », en rigolait-il devant le Monégasque médusé.

Pour l'émotion et les confidences, on en restera là. Piastri n'est pas du genre à hurler sa joie, à partager son bonheur. Le natif de Melbourne fait plus dans la discrétion et le flegme. Pour s'approcher de l'homme, il faut creuser, regarder et analyser pour comprendre et mesurer le talent du gamin. Car sur le premier relais, sa McLaren avait été battue. Leclerc se promenait avec un joli matelas de cinq secondes d'avance lorsque Piastri tenta l'undercut. Le Monégasque vint tranquillement le couvrir. Trop sans doute. Voulant préserver ses gommes dures qui devaient tenir jusqu'à la fin de la course, le pilote Ferrari a été trop prudent pour mettre ses pneus en température. Piastri, lui, était brûlant. Son ingénieur lui avait dit de rester en embuscade mais voyant le trou à l'intérieur, il n'écouta pas. Il plongea. Et il gagna...

« Lorsqu'il m'a dépassé, expliqua Leclerc, je n'étais pas inquiet. Je voulais préserver mes pneus et rester dans la zone du DRS pour tenter une attaque plus tard. Mais cette occasion ne s'est jamais présentée parce qu'on était trop lents dans les lignes droites. C'est une petite erreur de jugement qui a de grosses conséquences. » Celle d'offrir à l'Australien sa deuxième victoire en Formule 1 au terme d'une masterclass de pilotage défensif.

Norris n'en sort pas grandi

Derrière, son équipier Lando Norris n'a pu qu'assister de loin à la naissance de l'étoile qui va désormais l'embêter dans cette quête du titre mondial. À cause d'une qualification totalement ratée (16e sur la grille), il est parti de loin. Malgré sa belle remontée, il n'a pu aller jusqu'au podium, échouant au pied de celui-ci. Seule consolation : avoir pu doubler son rival pour le titre, Max Verstappen, et lui chiper le point supplémentaire du meilleur tour. Le Néerlandais avait pourtant tenté de chausser des gommes neuves. Trop tard car ce fut le moment où son équipier, en course pour le podium, fracassa sa Red Bull contre la Ferrari de Sainz. Virtual safety car et fin de partie pour tout le monde.

« Oscar est incroyable de sang-froid. C'est une éponge qui prend tout pour grandir. »

Alain Prost

Oscar Piastri a réussi à prendre le meilleur sur la Ferrari de Leclerc. Le Monégasque pensait reprendre vite son bien. Il n'y arrivera jamais.

Norris ne montra pas beaucoup de grandeur en dénonçant son copain Max, coupable d'avoir dépassé sous VSC, dans le tour après l'arrivée. Une rouerie qui ne fonctionna pas mais qui contribua un peu plus à rendre Piastri plus grand, lui qui ne se plaint jamais. Une semaine plus tard, dans le paddock de Singapour, tout le monde louait encore la manœuvre et le talent de l'Australien. « Oscar est incroyable de sang-froid, décryptait Alain Prost. Il est dans l'analyse et se concentre pour recueillir le maximum d'informations. Lorsque Mark (Webber) est venu me voir il y a plusieurs années pour me parler de son pilote, j'ai tout de suite senti la manière dont il allait progresser. J'ai poussé pour qu'il rejoigne la filière Alpine. Et sur le sujet, je ne me suis pas trompé. C'est une éponge qui prend tout pour grandir. Il va continuer à le faire en F1 comme il l'a réussi dans les catégories inférieures où il a tout gagné. » Finalement,

Perez et Sainz se battaient pour un podium. Leurs espoirs et leurs véhicules se sont fracassés dans le mur.

le Britannique Martin Brundle résume le mieux ce que pense le paddock du jeune Piastri : « Pour moi, il est un jeune Prost, conclut le commentateur britannique. Tout en maîtrise et dans l'analyse. Quand il prend un risque, c'est que cela le nécessite. » Comme ce freinage du 19e tour qui l'a fait rentrer dans la cour des grands…

L'Argentin de Williams a fait forte impression, inscrivant ses premiers points dans les rues tortueuses de Bakou.

Rookies

Colapinto et Bearman marquent les esprits

Ollie Bearman avait impressionné à Djeddah. À Bakou, il n'a fait « que » confirmer pourquoi Ferrari l'a fait signer chez Haas comme titulaire en 2025. Le jeune Britannique de 19 ans a une nouvelle fois terminé dans les points, en finissant dixième. Un joli coup pour celui qui s'est retrouvé à marquer des points avec deux équipes différentes pour ses deux premiers GP. Franco Colapinto, autre débutant, argentin cette fois, en a fait de même.

Pour sa deuxième course en F1, celui qui a remplacé au pied levé Logan Sargeant à Monza, a impressionné. D'un premier freinage qui a soufflé beaucoup – et énervé son équipier Alex Albon – mais surtout en maîtrisant ce tracé chaotique pour finir 8e et marquer quatre points, soit trois de plus que Sargeant en deux ans…

Ollie Bearman marque à tous les coups, que ce soit dans une Ferrari (à Djeddah) ou dans une Haas (à Bakou).

Grand Prix 17/24 Résultats

Xe / Position sur la grille
*Meilleur tour

- **1er** (+25) – **O. Piastri** (AUS) – McLaren-Mercedes – 2e – **1h32'58"007** (moy. : 197.521 km/h)
- **2e** (+18) – **C. Leclerc** (MCO) – Ferrari – à 10"910 – 1er
- **3e** (+15) – **G. Russell** (GBR) – Mercedes – à 31"328 – 5e
- **4e** (+12) – **L. Norris** (GBR) – McLaren-Mercedes – à 36"143 (+1) – 16e – *1'45"255 au 42e tour
- **5e** (+10) – **M. Verstappen** (HOL) – Red Bull – à 1'17"098 – 6e
- **6e** (+8) – **F. Alonso** (ESP) – Aston Martin-Mercedes – à 1'25"468 – 8e
- **7e** (+6) – **A. Albon** (THA) – Williams-Mercedes – à 1'27"396 – 10e
- **8e** (+4) – **F. Colapinto** (ARG) – Williams- Mercedes – à 1'29"541 – 9e
- **9e** (+2) – **L. Hamilton** (GBR) – Mercedes – à 1'32"401 – 7e
- **10e** (+1) – **O. Bearman** (ANG) – Haas - Ferrari – à 1'33"127 – 11e

Pilotes

APRÈS 17 GP SUR 24	Pts	AZN 15/9
1. Verstappen (HOL)	313	10
2. Norris (GBR)	254	12 +1
3. Leclerc (MCO)	235	18
4. Piastri (AUS)	222	25
5. Sainz (ESP)	184	-
6. Hamilton (GBR)	166	2
7. Russell (GBR)	143	15
8. Perez (MEX)	143	-
9. Alonso (ESP)	58	8
10. Stroll (CAN)	24	-

Norris, un nouveau monde

L'éclatante victoire du Britannique à Singapour lui a redonné de l'espoir dans sa quête d'une première couronne mondiale, même si Max Verstappen a fini deuxième.

On rêvait d'un autre monde, d'une terre où le suspense nous terrasserait à chaque course. L'été nous a donné cette impression que la planète F1 ne tournait plus rond. Les vainqueurs se sont enchaînés mais dans la nuit de Singapour, le rêve s'est arrêté, supplanté par la possibilité d'un final de fou, à condition de remplacer l'implacable

Dès le départ, Lando Norris s'est envolé et personne ne l'a revu, pas même Max Verstappen.

La piste de Marina Bay, tracée au cœur du quartier d'affaires de Singapour, est magique mais très piégeuse. Même Norris, le brillant vainqueur, partira à la faute.

domination d'un Hollandais par la terrible dictature d'un Anglais. Un nouveau maître pour détrôner l'ancien.

La prestation de Zandvoort n'était pas un accident. Ce n'était que l'annonce de ce qui nous attend désormais, de ce final homérique que tout le monde attend. L'écrasante victoire de Lando Norris aux Pays-Bas s'est donc répétée à Singapour, sur la très exigeante piste de Marina Bay qui a couché Russell et Hamilton, incapables de faire leur point presse, tant ils étaient fracassés de fatigue. Norris, lui aussi exténué à l'arrivée, peut donc être – presque – parfait, et s'il ne compte que vingt secondes d'avance, soit à peu près la même correction que sur les terres de son rival, c'est à cause de quelques cagades commises dans le feu de l'action. Sinon, c'était la trentaine assurée, vous savez, la punition que Max la menace infligeait à tout le plateau... en 2023. Ou en début de saison.

Norris peut-il rattraper Verstappen ?

Désormais, on l'imaginait sévèrement armé pour tenter l'impossible remontada dont toute la Formule 1 rêve pour tenir jusqu'à Abu Dhabi... en décembre. Il était alors possible d'y croire. Voilà pourquoi. Sa voiture est clairement devenue un croiseur de guerre dont il sait tout faire, même un peu n'importe quoi parfois. Il a aussi ce jour-là vaincu le signe indien du premier tour, qu'il a, pour la première fois de sa carrière, bouclé en tête. Il fallait d'ailleurs voir son mécanicien s'appliquer sur la grille pour coller, au chatterton, un repère très précis sur le mur à sa droite afin de se positionner au mieux au départ et ne pas perdre un millimètre. Cette fois, ni Verstappen ni Hamilton n'ont pu l'inquiéter. Il est parti et personne ne l'a revu. Pas même la réalisation télé qui a failli rater les derniers mètres du vainqueur du jour. Même son équipier, peu docile, s'est plié sous les fourches caudines de la course d'équipe, victime de sa mauvaise qualification de la veille (6e). Toutefois, c'est sans doute là que réside le talon d'Achille de Norris dans cette si excitante quête, même s'il refusait d'y croire officiellement, pris dans d'intenables fous rires devant les monosyllabes que Verstappen continuait de distribuer en conférence. Car le champion a poursuivi sa guerre contre la FIA et surtout son président, qui n'apprécie guère les gros mots du Néerlandais. Alors, le pilote a décidé de ne plus livrer sa parole en conférence et de ne la donner que dans le paddock.

Red Bull ne rend pas les armes

Oscar Piastri, lui, se plie à l'exercice, mais on n'a pas besoin de sa parole pour le comprendre. Au pied du podium, il n'est déjà pas du tout apparu comme le fidèle lieutenant dont rêve Andrea Stella. Il était en faute le

samedi et s'est donc exécuté le dimanche, sans faute, lui, pour soutenir Norris. Le visage de l'Australien, marmoréen et mutique, laissait pourtant paraître la froide résolution de celui qui ne fera pas toujours cela. Alors qu'on aura besoin de lui pour chiper de gros points au tenant. Car la clé sera là. Il faut regarder du côté de Red Bull et de son pilote, justement. Le second, le Mexicain (10e), n'existe plus depuis bien longtemps et sa possible renaissance s'est fracassée comme sa voiture une semaine plus tôt en Azerbaïdjan. Les travaux menés par Pierre Waché et ses hommes commencent à payer. La RB20 reste encore loin de la fusée papaya mais elle était, à Singapour, revenue comme la seconde force du plateau. On n'aurait jamais cru pouvoir entendre cette année que Max Verstappen déclarerait après une course que sa voiture « souffrait d'une grosse dégradation dans le premier relais ». C'était pourtant le discours du champion à l'arrivée. Le discours posé, pas inquiet, de celui qui vit sur son matelas de points. Certes, il est désormais grignoté à chaque course par Lando Norris. Grignoté seulement. Depuis la reprise, Norris reprend 6,5 points par GP. Et à Singapour, le Britannique qui était sur le point de signer son premier Grand Chelem (pole, victoire, tous les tours en tête et meilleur tour), s'est fait chiper le chrono et l'unité qui va avec par un formidable – ou désastreux, c'est selon – travail d'équipe et du futur retraité que Red Bull n'aura pas ménagé.
Daniel Ricciardo, remercié la semaine suivante, a été envoyé en mission pour piquer à Norris ce précieux point du meilleur tour. Et détruire ce rêve de la remontada papaya. On rêvait d'un autre monde. On aura l'ancien.

Piastri enchaîne un nouveau podium, sans joie. Il n'a pu gagner, la faute à une qualification ratée.

Ricciardo a été renvoyé à la retraite au soir de la course, mais avant il a dû, chaussé de gommes tendres, aller prendre le point du meilleur tour à Norris, histoire de faire l'affaire pour Red Bull.

Grand Prix 18/24 Résultats

Xe/ Position sur la grille
*Meilleur tour

Pos.	Pts	Grille	Pilote	Écurie	Écart
1er	+25	1er	**L. Norris** (GBR)	McLaren-Mercedes	1h40'52''571 (moy. : 182.090 km/h)
2e	+18	2e	**M. Verstappen** (HOL)	Red Bull	à 20''945
3e	+15	5e	**O. Piastri** (AUS)	McLaren-Mercedes	à 41''823
4e	+12	4e	**G. Russell** (GBR)	Mercedes	à 1'01''040
5e	+10	9e	**C. Leclerc** (MCO)	Ferrari	à 1'02''430
6e	+8	3e	**L. Hamilton** (GBR)	Mercedes	à 1'25''248
7e	+6	10e	**C. Sainz** (ESP)	Ferrari	à 1'36''039
8e	+4	7e	**F. Alonso** (ESP)	Aston Martin-Mercedes	à 1 tour
9e	+2	6e	**N. Hülkenberg** (ALL)	Haas-Ferrari	à 1 tour
10e	+1	13e	**S. Perez** (MEX)	Red Bull	à 1 tour

Pilotes – APRÈS 18 GP SUR 24	Pts	SIN 22/9
1. Verstappen (HOL)	331	18
2. Norris (GBR)	279	25
3. Leclerc (MCO)	245	10
4. Piastri (AUS)	237	15
5. Sainz (ESP)	190	6
6. Hamilton (GBR)	174	8
7. Russell (GBR)	155	12
8. Perez (MEX)	144	1
9. Alonso (ESP)	62	4
10. Hülkenberg (ALL)	24	2

Daniel Ricciardo

Dan plus la banane

La carrière de Ricciardo s'est achevée avec un simple tweet. Une triste fin pour le pilote australien qui aurait mérité mieux, mais dont le talent s'est noyé dans l'appât du gain et le vain espoir de grandir loin de Red Bull.

Grise mine pour Daniel Ricciardo qui va être, au terme de ce GP de Singapour, remercié sans un mot.

Il se voulait champion et il est parti anonyme. Il se rêvait méchant et il a terminé laquais. Daniel Ricciardo est parti au soir de Singapour d'une manière qu'un pilote de son talent ne méritait pas. Ses sanglots retenus devant les caméras comme la longue émotion qui l'a empêché de quitter son baquet à l'arrivée de ce 257e et vraisemblablement dernier Grand Prix disent beaucoup de la douleur que le si souriant Australien a dû traverser le dimanche de Singapour de voir sa famille, cette tribu de Red Bull, l'abandonner ainsi.

On retient aujourd'hui que l'écurie autrichienne, sans émotion, le laisse sur le quai. Elle le lâche même sans même un communiqué, viré d'un simple tweet sans état d'âme de Racing Bulls, sans un mot de la grande sœur, après lui avoir pourtant demandé de manière peu sportive de chiper le point du meilleur tour à Lando Norris à Marina Bay. Elle le jette comme une vieille chaussette sans aucun respect pour celui qui aura tout de même contribué à faire briller sept fois au moins (le nombre de ses succès avec elle) l'écurie.

Certes, c'est cette même équipe qui l'an dernier lui a remis le pied à l'étrier lorsque McLaren l'a évincé un an plus tôt que la fin de son contrat le prévoyait, alors qu'il avait permis à l'écurie de Woking de renouer avec la victoire (Monza 2021). C'est ce même docteur Marko, voué justement aujourd'hui aux gémonies pour son absence d'état d'âme, qui l'avait pourtant repéré du côté d'Estoril en 2007 pour le signer dans sa filière, en compagnie d'un certain Jean-Éric Vergne, et c'est ce même Marko qui le fait débuter au cœur de l'été 2011 au sein de la modeste Hispania pour qu'il se forme, qu'il affûte cette attaque carnassière qu'on a tant admirée lorsqu'il luttait presque à armes égales contre son équipier, devenu champion depuis.

Une *dive bomb* de folie

Oublions Red Bull et souvenez-vous de ce freinage légendaire, répété maintes fois, qu'il infligea à son copain Max en 2016 à Sepang, ou de cette pole volée à la barbe du Batave au Mexique 2018, le privant pour toujours du record du plus jeune poleman de l'histoire. Rappelez-vous comment, pour ses débuts chez Red Bull, après trois années passées à se former chez Toro Rosso, l'Australien avait terrassé en 2014 Sebastian Vettel, quadruple champion en titre. Pas une fois mais bien trois fois. Si Ricciardo s'en va, c'est l'image du « Honey Badger » (blaireau à miel) qu'il faut garder, placé au dos de son casque, surnom que le natif de Perth s'est attribué comme un talisman, un totem qui le préservait de cette image de benêt souriant que certains ont vite souhaité coller à Dan la Banane. Ricciardo est un fou, un vrai, au caractère très facétieux ; capable de boire du champagne dans sa bottine de course, de célébrer sa victoire dans un bar à whiskies de Tokyo, de se laisser pousser une moustache de cow-boy à l'occasion du Grand Prix des États-Unis, à Austin, de se raser la moitié de la tête à la suite d'un pari lors d'un dîner chez un copain, de ravager la tente de son écurie en FR 3.5 lors d'un solo de guitare endiablé, de partir faire trois jours du trial dans le bush australien. Oublions ces tristes manœuvres et rappelons-nous de la spéciale de Dan la Banane. Daniel Ricciardo était le maestro du freinage ultra tardif, cette *dive bomb* que Piastri, son successeur chez McLaren, a remis au goût du jour ces dernières semaines. Un pilote de grand talent bien plus fort que le financier moisi qu'il s'est cru devenir en soutirant 50 millions de dollars à Renault pour deux ans. Son compte en banque s'en est mieux porté mais depuis ce départ de Red Bull pour l'équipe française, son génie et même son esprit s'en étaient allés.

Sur son casque, sa mascotte et son surnom, le « Honey Badger ».

Place à la jeunesse chez Red Bull

Remis l'été dernier, par Red Bull, dans la Toro Rosso de ses débuts, rebaptisée désormais Racing Bulls, Ricciardo n'a rien pu. Même face à son équipier Yuki Tsunoda, grandement surcoté dans le paddock. Quand le colérique Japonais aura marqué 22 points cette année, l'Australien n'en aura inscrit que 12. Une misère pour celui qui a tout de même remporté huit courses, dont un incroyable Monaco où il dut s'y reprendre à deux fois, signant à nouveau le meilleur tour en 2018, Red Bull ayant oublié ses pneus lors de sa première pole en 2016, le condamnant à la deuxième place ce jour-là. Chez Red Bull, on ne pouvait plus attendre au risque de voir s'envoler Liam Lawson dont le contrat arrivait à terme. On regrettera la manière dont les Autrichiens se séparent de leur Australien, pas le motif. D'autant que si le jeune Néo-Zélandais, bien moins souriant et attachant que Ricciardo, se mettait à performer et qu'une place se libérait au côté de Sa Majesté Max, alors, notre Français de la filière, Isack Hadjar, en bataille pour le titre en F2, aurait sa chance aussi… La F1 est cruelle mais elle sait aussi être belle. C'est le message qu'un triste Ricciardo essayait de faire passer après le Grand Prix en guise d'au revoir qu'il n'aura pas officiellement eu l'occasion de prononcer. « Si Max gagne le titre d'un point, j'aurai un joli cadeau de Noël. »

On se souviendra de cette victoire de Ricciardo à Monaco (2018), moins pour sa prestation au volant que pour l'inélégance gracieuse de son plongeon après la victoire.

La fin de Renault

Tristes adieux

On se souviendra que c'est en 2024 que Luca de Meo a mis fin à un monument historique du sport automobile français. Fin 2025, l'usine de Viry-Châtillon ne fabriquera plus de moteur de Formule 1.

Luca de Meo, le patron de Renault a le sourire. Il vient de changer une nouvelle fois le patron d'Alpine pour nommer son ami Flavio Briatore.

Tout a commencé avec Briatore. La fin de Renault en 2010 et la nouvelle mort de Renault dans un an. Dès le retour de l'ancien boss à la fin du printemps, les rumeurs ont circulé. L'idée iconoclaste d'arrêter la fourniture de moteurs de F1 a commencé son insidieuse et meurtrière infusion.
Les premières bulles sont apparues à la veille de la trêve estivale, devenue dévastatrice pour le constructeur français ces dernières années.
Après le départ d'Alonso et la fuite de Piastri en 2022, les évictions de Rossi, Szafnauer et consorts en 2023, les amoureux d'Alpine découvraient que leur voiture pourrait bientôt rouler avec un... Mercedes. Ce ne pouvait être qu'une blague. Il était impossible que ce soit vrai. Et pourtant ce l'était. Et ce le fut.
La mobilisation des salariés de l'historique usine de l'Essonne n'y a rien changé. Ils ont eu beau venir en bus de France afin de protester à Monza, à la Parabolique ou au bout de la ligne droite des stands, rien n'y a changé. Luca de Meo a tranché le 30 septembre, coupant cinquante ans d'histoire, sans états d'âme, comme un simple comptable. Lui qui en 2020 avait vendu sa passion pour la discipline et son idée de créer l'entité d'Alpine pour empêcher ses successeurs de mettre fin au programme sport, l'a tué tout seul. Ou avec son vieil ami Flavio Briatore, revenu de quinze ans de purgatoire après avoir déjà coulé la marque à cause du Singapourgate.

Pas de place pour les sentiments

À Zandvoort, un mois avant l'exécution de cette terrible

sentence, l'Italien avait pourtant botté en touche, lui qui parlait pour la première fois à la presse avec le nouveau boss de l'équipe, Oliver Oakes. Le quatrième en quatre ans…

Flavio Briatore, de retour après quinze ans d'absence, a entamé le spectacle, car il continue à faire le show malgré ses 74 ans et une certaine fatigue, par une longue introduction sur l'usine châssis à Enstone, dans la campagne anglaise au nord d'Oxford, preuve que cette partie de l'écurie est bien devenue le cœur de son projet.

Pas un mot en revanche pour l'autre entité, celle des moteurs. Ce n'est qu'au bout de dix minutes qu'on a enfin pu parler de la partie française. « C'est une décision du président, se défendra-t-il. Je n'ai rien d'autre à dire. » On le relance un peu plus tard sur le sujet et, d'une pirouette, il esquive à nouveau. « Pour le moteur, le président décide, répète-t-il. Je ne suis pas toujours le méchant. Vous pouvez me blâmer pour beaucoup de choses mais pas pour cela. »

C'est donc vers Luca de Meo qu'on ira chercher les réponses, une semaine après la décision officielle. Dans les colonnes de *L'Équipe*, il expliquera ce que l'on avait déjà compris. Il ne fait pas dans le social, pas dans l'humain et encore moins dans l'émotionnel. « Je suis un manager, déclarait-il au quotidien sportif. Je gère une entreprise cotée en Bourse. Et je dois repenser le projet F1, pour enfin gagner. Je cherche donc les raccourcis pour y parvenir. »

L'héritage de Viry

Esteban Ocon, le pilote partant, donc au verbe plus libre, était plus dans l'émotion, même s'il restera prudent : « Ça me touche, Viry fait partie du patrimoine automobile français. De nombreux championnats ont été gagnés avec eux. Mais en tant que pilote, mon rôle c'est de gérer au mieux le potentiel de cette voiture, de faire briller Viry et Enstone. Je ne suis pas le patron du groupe Renault. »

Pierre Gasly, qui, lui, sera toujours pilote Alpine en 2025 et 2026, est resté encore plus sobre : « Ce que je peux faire, c'est apporter le meilleur résultat aux employés de l'écurie. De là où je suis, je comprends toutes les parties. Tous les points de vue. Ce n'est pas facile de ma position de parler plus avant. »

Alors, on le fera pour lui, en rappelant combien l'histoire de la Formule 1 est liée à celle de Viry et de ses salariés. On évoquera la création merveilleuse du turbo, de ce *yellow teapot* dont se gaussaient les Anglais mais qui est devenu la norme. On se souviendra de Jean-Pierre Jabouille racontant ses travaux quotidiens avec « papa la soufflette », alias Jean-Pierre Boudy, pour dompter son temps de réponse, de Frank Williams parlant avec passion de ces motoristes français qui ont permis à son écurie de dominer les années 1990, d'Adrian Newey à qui Viry propose les échappements soufflés et qui permet à Red Bull de glaner ses quatre premiers titres mondiaux (de 2010 à 2013).

Alors oui, depuis le début de l'ère hybride, le V6 tricolore ne tournait plus rond mais il avait été conçu avec, à sa tête, des hommes nommés par ce même Briatore. Et si l'Italien est revenu aux commandes, c'est parce que ces mêmes motoristes français lui avaient offert un bijou en 2005 et 2006, capable de battre le Mercedes de McLaren puis le Ferrari de la Scuderia. Surtout ne jamais oublier…

Jean-Pierre Jabouille restera l'homme de la première victoire de Renault en GP, à Dijon en 1979 au volant de la RS10.

Les moteurs Renault ont fait les beaux jours de Red Bull, quadruple champion du monde de 2010 à 2013.

La côte vers le premier virage d'Austin est raide, mais rien n'a empêché Verstappen de continuer à marquer son territoire.

Max, le grand Far West

Le combat entre Norris et Verstappen s'est achevé par une victoire du champion, encore une fois très agressif. La bataille, comme la décision des commissaires, a laissé des traces…

On imaginait le shérif de retour après sa victoire dans la course sprint. On a eu le droit à celui du desperado qui fait trembler tout le monde, même ses congénères. Et surtout les commissaires qui ont choisi son camp sans être certains qu'ils aient pris le bon. On sait, il est vrai, qu'au Far West, l'application de la loi est souvent cruelle.

Virage 12, tour 52. Le Néerlandais retarde son freinage et ouvre large. La McLaren de Norris ne peut qu'aller hors piste. Le débat va pouvoir commencer.

Le samedi, l'impressionnante démonstration de Verstappen laissait entrevoir le retour de l'ordre ancien, celui de l'empire Red Bull qui massacrait toute concurrence. Le lendemain, on eut le droit au hold-up programmé de Ferrari, laissant les deux prétendants au titre se chicaner pour ce qu'il restait du butin après le passage impressionnant des deux Ferrari, survitaminées grâce à ce fameux aileron flexible dont elles sont enfin dotées. Verstappen et Norris, pourtant tous les deux en première ligne, ont en effet laissé échapper le magot dès le départ. Pour le Néerlandais, il n'y avait qu'une voiture à surveiller, celle de son rival. Cela tombait bien, à Austin, pour des raisons commerciales, les McLaren étaient chromées et brillaient au soleil à défaut d'étinceler en piste. Alors, au premier virage, fidèle à ses vieilles habitudes, le champion a ouvert le virage, histoire d'emmener Norris au large, et hors piste. Leclerc, toujours rusé dans ces occasions, a plongé à l'intérieur. On ne l'a plus revu.

Les dernières cartouches de Norris

Verstappen, lui, espérait ne pas revoir son meilleur ennemi. C'était sans compter sur une magistrale leçon de stratégie et d'overcut de McLaren pour son pur-sang. Alors qu'un à un les leaders plongeaient pour ferrer de nouvelles

Virage 1, tour 1.
Verstappen choisit de se concentrer sur la McLaren de Norris et l'emmène déjà très – trop – loin. Leclerc va en profiter pour s'infiltrer, filer et gagner.

gommes, Norris et Piastri poursuivaient sereinement leur chevauchée. Ce n'est que six tours après Verstappen que le Britannique vint à l'écurie pour chausser des pneus neufs. En dix tours, sa cavalcade lui permettait de revenir dans le sillage de son rival. Restait à le passer.

Et Norris, mieux que personne, sait que doubler un Verstappen équivaut à prendre Fort Alamo. Durant six tours, il partit à l'assaut. Et à chaque fois, celui qui en 2016 faisait trembler Rosberg à Abu Dhabi alors qu'il tentait de conquérir le titre répondait avec maîtrise et assurance. Et puis vint le tour 52, celui du jugement dernier. En Autriche, en juin, Norris s'était épuisé dans des attaques brouillonnes et désordonnées. Depuis, il aurait dû grandir et apprendre. Cette ultime tentative au virage 12, celui qui conclut l'interminable ligne droite du retour, on la voyait venir. L'Anglais passa devant, à l'extérieur, et Verstappen répondit, comme à son habitude. En ouvrant grand. Comme au départ. Comme à Vegas contre Leclerc l'an dernier ou avec Hamilton au Brésil en 2021. Norris, jeté hors piste et sans doute plus qu'énervé, ne lâcha pas les gaz et passa, sans rendre la place.

Le tournant de la saison

Verstappen, en vieux brigand, en appela à la loi. À la radio, il rappelait le règlement à cette FIA qu'il n'apprécie guère. Durant trois tours, on guetta la décision des commissaires qui finirent par trancher. Norris fut condamné. Et Verstappen blanchi. En une action, le championnat avait définitivement basculé.

D'abord sur le plan purement comptable. Lorsqu'il faut compter le gain du week-end, le Batave a clairement fait la bonne affaire : deux points chipés le samedi dans la course sprint et donc trois de plus dans ce combat. Sur le plan psychologique maintenant, le bilan est encore meilleur. Norris a perdu l'avantage qu'il avait réussi à prendre sur son adversaire ces derniers mois, le privant notamment d'un succès devant les siens, à Zandvoort, et l'empêchant de gagner, enfin, ce GP de Singapour qui se refuse toujours au Batave. Il a montré, à nouveau, ses faiblesses lorsqu'il faut s'attaquer au roi. On en aura la preuve une semaine plus tard au Mexique.

Sur le plan politique enfin, Verstappen aura frappé un grand coup. Car si les cinq secondes de pénalité infligées à Norris sont, sur le papier, indiscutables, on aurait pu penser qu'une punition similaire serait au moins envisagée pour avoir poussé un pilote un dehors de la piste, comme il est écrit dans le règlement. On saura une semaine plus tard que si la McLaren avait accepté de rendre la place, alors le champion aurait été puni.

Alors que Verstappen a entamé le week-end en poursuivant sa guerre contre la FIA qui lui refuse le droit de dire des gros mots, il l'achève sans avoir été inquiété et

en reprenant de l'avance au championnat, alors que sa voiture n'était pas la plus rapide. Son équipe, elle, ne pourra sans doute pas en dire autant. Le soupçon d'une possible tricherie de Red Bull pour les réglages de hauteur de caisse a officiellement été levé mais il se pourrait que la FIA poursuive, en toute discrétion, son enquête pour trouver des preuves auprès d'anciens membres de l'équipe. Pour le championnat, le Néerlandais vient de reprendre la main sur son frêle rival.

Vue de derrière, l'action ne laisse aucun doute sur les motivations du champion et l'opportunité saisie par les deux Ferrari.

Troisième victoire de la saison pour le Monégasque qui remporte son premier GP des États-Unis.

Grand Prix 19/24 Résultats

Xe/ Position sur la grille
*Meilleur tour

1er +25 — **C. Leclerc** (MCO) Ferrari — 4e/
1h35'16"745 (moy. : 194,453 km/h)

2e +18 — **C. Sainz** (ESP) Ferrari — à 8"562 — 3e/

3e +15 — **M. Verstappen** (HOL) Red Bull — à 19"412 — 2e/

4e +12 — **L. Norris** (GBR) McLaren-Mercedes — à 20"354 — 1er/

5e +10 — **O. Piastri** (AUS) McLaren-Mercedes — à 21"921 — 5e/

6e +8 — **G. Russell** (GBR) Mercedes — à 56"295 — 20e/

7e +6 — **S. Perez** (MEX) Red Bull — à 59"072 — 9e/

8e +4 — **N. Hülkenberg** (ALL) Haas - Ferrari — à 1'02"957 — 11e/

9e +2 — **L. Lawson** (NZE) Racing Bulls-Red Bull — à 1'10"563 — 19e/

10e +1 — **F. Colapinto** (ARG) Williams- Mercedes — à 1'11"979 — 15e/

Pilotes

APRÈS 19 GP SUR 24	Pts	USA 20/10
1. Verstappen (HOL)	354	15 +8
2. Norris (GBR)	297	12 +6
3. Leclerc (MCO)	275	25 +5
4. Piastri (AUS)	247	10
5. Sainz (ESP)	215	18 +7
6. Hamilton (GBR)	177	+3
7. Russell (GBR)	167	8 +4
8. Perez (MEX)	150	6
9. Alonso (ESP)	62	-
10. Hülkenberg (ALL)	29	4 +1

Signé Mad Max

Verstappen, seulement 6e, a perdu dix points sur son rival Norris, dans un combat sauvage qu'il lui a livré dans le premier tour, et pour lequel la FIA lui a infligé une très sévère double punition.

Avec Verstappen, tout était flou.
Les décisions des commissaires à Mexico ont tenté de faire le point sur ce qu'il est possible de faire – ou pas – en piste.

C'était écrit que l'accrochage aurait lieu. Avant le départ, toute la grille se demandait, en regardant un Norris étonnamment détendu, semblable à l'imperturbable Verstappen toujours souriant avant un Grand Prix, quand le malheureux Britannique se ferait éperonner. Et dès que les feux se sont éteints, il fut facile de voir que l'accident arriverait très vite. Verstappen s'est envolé et Norris l'a suivi. Sainz, le malheureux poleman, en a fait les frais mais il le savait. La Scuderia, une nouvelle fois vainqueur, une semaine après le succès de Leclerc, l'avait prévenu, ainsi que le Monégasque, que deux missiles allaient arriver sur lui.

Norris a tenté sa chance, Verstappen a vertement défendu sur lui et Sainz est parti dans l'herbe dès le premier virage au bout de cette interminable ligne droite. Il faudrait donc patienter pour voir l'accrochage. Attendre le second départ, laisser les commissaires nettoyer les débris de l'impressionnant accident entre Albon et Tsunoda, visiblement sous haute pression de leurs débutants de partenaires (le surprenant Colapinto et le revenant Lawson). Lorsque la course reprend, Norris relance l'attaque. Et comme à Austin, est envoyé hors piste, la Red Bull du champion ouvrant encore très large. Trop large ? Ce sera tout le débat.

Norris n'a pas refait la même erreur

En bon élève, Norris a compris la leçon du Texas et a décidé de vite rendre la position. Mad Max, celui qu'on pensait envolé sous les lauriers de la victoire, effacé par les années de succès, est alors brutalement revenu.

On se concentrait sur les avant-postes et les premières anicroches de Verstappen, mais dans le peloton, Albon et Tsunoda se sont accrochés et vont provoquer la sortie d'une voiture de sécurité.

Avant de s'attaquer à Norris, le Néerlandais s'est occupé de Sainz et de sa Ferrari. Il ne l'empêchera pourtant pas de gagner.

« Je respecte beaucoup Max en tant que pilote, mais je dirais que ce qu'il a fait n'était pas très correct. »

Lando Norris

L'Anglais remet vite le couvert dans ce dixième tour, à l'amorce du virage 8, au début de esses rapides, la McLaren s'essaye et le méchant Verstappen revient. La Red Bull tasse, à haute vitesse, l'Anglais.
« Ce fut une course très difficile, se félicitait un radieux Norris à l'arrivée. Il fallait que je survive à ce Grand Prix, que je le finisse. » C'est chose faite, et de la plus belle des manières. Et dans un Foro Sol tout acquis à la cause de l'outsider, il en a remis une couche sur le félon, le féroce, le fielleux, celui qui est prêt à tout. « Je savais à quoi m'attendre, poursuit le héros du jour. Je respecte beaucoup Max en tant que pilote, mais je dirais que ce qu'il a fait n'était pas très correct et je vais me satisfaire de mon résultat du jour. Rester concentré et continuer comme ça. »
Car cette fois, la FIA était de son côté. Les commissaires se saisissent très vite de l'affaire. Et comme la semaine précédente, la note tombe rapidement. Elle va être salée, très salée. Aux États-Unis, McLaren et Norris s'étaient sentis lésés. Au Mexique, ce sera sûrement Red Bull. Car on ne parle pas d'une seule mais bien de deux pénalités, et pas question de les modérer, comme ce fut fait pour Norris à Austin.

Le récital de Ferrari

Verstappen, pour prix de son vilain comportement, en a pris pour vingt secondes (dix pour avoir poussé un pilote hors piste et dix autres pour l'avoir passé en dehors des limites). On sent bien que la FIA a souhaité frapper un grand coup et marquer cette conduite de Verstappen au fer rouge. Même le champion ne peut tout se permettre. Le message a clairement été entendu car le soir, devant les caméras, le Batave, étonnamment, a fait profil pas. Il sait que ce jour-là, il a perdu, mais il a gagné, pour le reste de l'année.
Devant, Norris, freiné par la Red Bull qu'il n'osa plus attaquer jusqu'au retour au stand du méchant leader du championnat, est pourtant revenu dans la course. La McLaren, forte de son nouveau plancher, est redevenue une fusée. Suffisamment pour croquer Leclerc, mais pas assez pour revenir sur un grand Sainz, tranquille vainqueur. Deuxième, il reprend dix points sur son rival, magistral sixième. L'Anglais essayera même, par deux fois, de grignoter le point du meilleur tour. En vain, car désormais Ferrari est gérée comme une petite entreprise par le madré Vasseur qu'on surnommait autrefois tendrement « le maquignon du GP2 ». Leclerc, libre de tout danger des Mercedes, totalement hors du coup, s'est payé le meilleur chrono et le point qui va avec.
Chez les constructeurs, Red Bull n'est plus que troisième. Forcément, quand on ne compte qu'un pilote, car il n'y a plus rien qui va chez Perez. Le Mexicain, auteur d'un faux départ, s'est fracassé contre son probable successeur, le jeune Lawson, puis a été incapable de grignoter le meilleur tour. Seul Verstappen, même redevenu le vilain petit canard qu'on aime critiquer, a parfaitement conduit… une fois ses pénalités subies. Une manière de montrer qu'il mérite sa quatrième couronne. Car il ne craint personne…

Une semaine après le succès de son équipier au Texas, Carlos Sainz peut triompher devant toute sa famille qui a fait le voyage au Mexique.

Grand Prix 20/24 Résultats

X[e]/ Position sur la grille
*Meilleur tour

Pos.	Pts	Grille	Pilote	Écurie	Temps
1er	+25	1er	C. Sainz (ESP)	Ferrari	1h40'55"800
2[e]	+18	3[e]	L. Norris (GBR)	McLaren-Mercedes	à 4"705
3[e]	+15 (+1)	4[e]	C. Leclerc (MCO)	Ferrari	à 34"387 *1'18"336 au 71e tour
4[e]	+12	6[e]	L. Hamilton (GBR)	Mercedes	à 44"780
5[e]	+10	5[e]	G. Russell (GBR)	Mercedes	à 48"536
6[e]	+8	2[e]	M. Verstappen (HOL)	Red Bull	à 59"558
7[e]	+6	7[e]	K. Magnussen (DAN)	Haas-Ferrari	à 1'03"642
8[e]	+4	17[e]	O. Piastri (AUS)	McLaren-Mercedes	à 1'04"928
9[e]	+2	10[e]	N. Hülkenberg (ALL)	Haas-Ferrari	à 1 tour
10[e]	+1	8[e]	P. Gasly (FRA)	Alpine-Renault	à 1 tour

Pilotes

APRÈS 20 GP SUR 24	Pts	MEX 27/10
1. Verstappen (HOL)	362	8
2. Norris (GBR)	315	18
3. Leclerc (MCO)	291	15 +1
4. Piastri (AUS)	251	4
5. Sainz (ESP)	240	25
6. Hamilton (GBR)	189	12
7. Russell (GBR)	177	10
8. Perez (MEX)	150	-
9. Alonso (ESP)	62	-
10. Hülkenberg (ALL)	31	2

Les 400 coups D'ALONSO

À 43 ans, l'Espagnol a célébré au Mexique son 400e Grand Prix. Une longévité incroyable couplée à un talent rare que son palmarès ne reflète que partiellement.

Expa / Presse Sports et Allo / Presse Sports

399 engagements en Grand Prix (*)

- 399 — 1. Alonso (ESP, 2001, 2003-2018, depuis 2021)
- 353 — 2. Räikkönen (FIN, 2001-2009, 2012-2021)
- 351 — 3. Hamilton (GBR, depuis 2007)

(*) L'Espagnol compte 396 départs en Grand Prix.

106 podiums

- 201 — 1. Hamilton
- 155 — 2. M. Schumacher
- 122 — 3. Vettel
- 110 — 4. M. Verstappen
- 106 — 5. Alonso
- 106 — - Prost

15 podiums consécutifs

- 1. M. Schumacher (entre USA 2001 et Japon 2002) — 19
- 2. Hamilton (entre Italie 2014 et Grande-Bretagne 2015) — 16
- 3. Alonso (entre Turquie 2005 et Canada 2006) — 15
- - M. Verstappen (entre Abu Dhabi 2022 et Italie 2023) — 15

26 meilleurs tours

- 77 — 1. M. Schumacher
- 67 — 2. Hamilton
- 46 — 3. Räikkönen
- ...
- 26 — 9. Alonso

22 pole positions

- 1. Hamilton — 104
- 68 — 2. M. Schumacher
- 3. Senna — 65
- ...
- 22 — 15. Alonso

2 titres de champion du monde (2005,2006)

- 1. M. Schumacher (ALL) — 7
- - Hamilton (ANG) — 7
- 3. Fangio (ARG) — 5
- 4. Prost — 4
- - Vettel (ALL) — 4
- ...
- 12. Alonso — 2

3[e] champion du monde le plus jeune

- 1. Vettel (2010, Red Bull) 23 ans, 4 mois et 11 jours
- 2. Hamilton (2008, McLaren) 23 ans, 9 mois et 26 jours
- 3. Alonso (2005, Renault) 24 ans, 1 mois et 27 jours

32 victoires en Grand Prix

- 1. Hamilton (depuis 2007) — 105
- 2. M. Schumacher (1991-2006, 2010-2012) — 91
- 3. M. Verstappen (depuis 2015) — 61
- ...
- 7. Alonso — 32 (2001, 2003-2018, depuis 2021)

4[e] vainqueur de Grand Prix le plus jeune

- 1. M. Verstappen (Espagne 2016) 18 ans, 7 mois et 5 jours
- 2. Vettel (Italie 2008) 21 ans, 2 mois et 11 jours
- 3. Leclerc (Belgique 2019) 21 ans, 10 mois et 16 jours
- 4. Alonso (Hongrie 2003) 22 ans et 26 jours

3[e] poleman le plus jeune

- 1. Vettel (Italie 2008) 21 ans, 2 mois et 11 jours
- 2. Leclerc (Bahreïn 2019) 21 ans, 5 mois et 15 jours
- 3. Alonso (Malaisie 2003) 21 ans, 7 mois et 23 jours

Verstappen béni des cieux

Lors d'un Grand Prix hors norme disputé dans des conditions dantesques, le champion en titre, parti 17e, réussit à remporter la course, après dix GP de disette. Son quatrième titre n'est plus loin.

Il s'était révélé sous la pluie ici même en 2016.
Il a certainement conquis son titre 2024 sous un même déluge tropical, toujours à Interlagos.

Le samedi, lors de la course sprint, après sa pénalisation, méritée, il s'est murmuré qu'on cherchait à truquer le championnat, à ralentir le sacre du Néerlandais. Il faisait encore beau et chaud. Les deux McLaren avaient dominé cette course du pauvre. Et puis, les cieux se sont ouverts. Le lendemain, sur une piste détrempée, plus question de se cacher. Alors, s'il existe un complot caché pour sacrer un champion cette saison, ne le cherchez pas à la FIA. Regardez plutôt là-haut, dans ces nimbes qui ont enserré la piste tout le week-end. Appelez le destin, Dieu... et même Senna, tant sa présence aura illuminé cette édition qu'on imaginait hors norme et qui fut au-delà de toutes les attentes.
Cette victoire hallucinante de Verstappen qui le rapproche dangereusement du titre ne doit en effet rien aux mortels. D'abord parce qu'il ne doit rien à personne sur cette terre, hormis son talent qui est tout sauf celui d'un humain. Cette manière de ne jamais céder à la pression, de ne jamais faiblir même quand tout est foutu, de piloter comme personne quand cela devient impossible.
Oui, même en ayant comme petite amie une fille de Nelson Piquet, l'un des rares Brésiliens à n'avoir jamais aimé Senna, il faut reconnaître comme une filiation avec le regretté Pauliste que les tribunes n'ont cessé de chanter lors du podium du Néerlandais. Ces cent mille personnes qui, dès cinq heures, faisaient la queue sous la pluie pour assister à cette course programmée à la mi-journée, qu'on prédisait folle et qui le fut encore plus.

La pluie a tout changé
La journée du champion, commencée aux aurores par une improbable qualification repoussée par de trop fortes pluies le samedi, avait pourtant bien mal commencé. Coincé par un drapeau rouge, pénalisé par un changement de moteur, il s'élançait à l'heure du déjeuner du fond de la grille (17e). Norris, son adversaire, partait lui de la pole, après avoir remporté la veille la course sprint. Tout était en place pour que le Britannique reprenne encore de précieux points. C'est là que le destin, la pluie ou Senna se sont invités. Les cieux ont commencé à déverser leurs larmes sur Interlagos. Les humains ou les mauvais finissaient déjà dans le rail, retardant un peu plus ce départ attendu. Et puis Norris, encore une fois, est mal parti. Verstappen, lui, était, dès le deuxième tour, dans les points (10e). Pendant que la McLaren n'arrivait pas à passer la Mercedes du

> **« Je connais Ocon et Gasly depuis le karting. Et je sais qu'ils sont bons dans ces conditions. »**
>
> **Max Verstappen**

Derrière le Hollandais volant, George Russell et Lando Norris n'ont pu que survivre au carnage, loin derrière l'insaisissable vainqueur.

leader Russell, le Néerlandais poursuivait tranquillement sa remontée. Écoutant les sombres nuées, il attendait son heure sans trembler. Lorsque la pluie s'est mise à redoubler, les sorties de pistes à s'enchaîner, les leaders ont décidé de s'arrêter, de mettre des gommes neuves. On n'avait pas franchi la mi-course. Les deux Alpine et la Red Bull, contre vents et surtout cette marée tropicale qui noyait tout et tous, restèrent en piste, surfant avec le talent qu'on connaît aux deux Normands, pas très loin de celui de Verstappen qu'on avait découvert ici même en 2016, tels des canoës sur des rapides amazoniens. Ocon et le Batave préféraient, eux, l'image d'un jet ski. « Je les connais depuis le karting, s'en amusait le vainqueur. Et je sais qu'ils sont bons dans ces conditions. »

Verstappen a saisi sa chance dès le restart. Il plonge à l'intérieur de l'Alpine et se débarrasse très vite d'Ocon, qu'il retrouvera sur le podium.

Une victoire magistrale et capitale

Franco Colapinto, la nouvelle idole de l'Amérique du Sud, lui, y a alors sombré, fracassant encore sa Williams (il l'avait déjà fait le samedi en qualification). Le destin est encore intervenu sous la forme très humaine du directeur de course. Un drapeau rouge pour nettoyer la piste et offrir, gratuitement, des pneus frais au trio de tête qui avait survécu à ces tours « apocalyptiques », comme le racontait le vainqueur du jour.

L'affaire était dite. Il ne suffisait plus à Verstappen qu'à patienter calmement pour trouver l'ouverture sur Ocon, ce qui fut fait dès le troisième départ, dans ce premier virage qui offrait la victoire au Néerlandais, mais crucifiait également les chances de son rival, Norris, sorti trop large au même endroit. « J'ai été surpris de la manière dont Max arrivait à freiner tard », félicitait d'ailleurs le Français devant la manœuvre, bien loin de l'accrochage entre les deux hommes au même endroit en 2018.

Le Néerlandais, tout miel, remerciera son ex-ennemi pour ne pas avoir été trop méchant et viendra même réclamer la Une du journal pour les « deux Frenchies ». Il fallait ensuite voir cette joie hallucinante du vainqueur à sa descente de voiture pour comprendre l'importante de ce succès. Voilà dix courses et quatre mois que le champion de Red Bull n'avait pas gagné. Dix Grands Prix sans succès comme ses dix succès consécutifs (un record) qu'il avait signés l'an dernier. « Oui, c'était important, en convenait-il même s'il en a déjà gagné 61 auparavant. J'aurais voulu gagner plus tôt ; on ne comprenait pas pourquoi les autres étaient si rapides. En partant 17e, je ne m'imaginais pas finir premier. Je pense toutefois que c'est encore plus important pour l'équipe qui a énormément travaillé pour remettre la voiture à niveau. »

Franco Colapinto a, une nouvelle fois, fracassé sa Williams, offrant un bienvenu drapeau rouge au futur vainqueur, mais aussi aux deux Alpine.

Sur le podium, il y avait d'ailleurs un troisième Français, tout aussi triomphant que son pilote et ses deux compatriotes. Pierre Waché, le directeur technique, attendait ce succès avec autant d'impatience que son champion afin de valider ce retour en forme de la RB20. Avant le départ, sur la grille, le pilote de réserve Isack Hadjar vantait ces suspensions qui fonctionnaient si bien sur la Racing Bulls (les deux pilotes ont fini dans les points). Les hommes de Milton Keynes méritaient bien ce trophée si étrange, qui faisait penser à cette création de Tolkien, à ce seigneur des anneaux qu'il a forgé pour « tous les asservir ». Ce qu'il a réussi. Depuis son premier succès, en 2016, il a conquis 62 trophées, autant qu'un certain Lewis Hamilton. Le reste du plateau, lui, n'en a grignoté que les miettes (59).

Pierre Waché, le directeur technique de Red Bull, accompagne ses deux compatriotes Esteban Ocon et Pierre Gasly, ainsi que son pilote fétiche Max Verstappen.

Grand Prix 21/24 Résultats

Xe/ Position sur la grille
*Meilleur tour

1er **M. Verstappen** (HOL) Red Bull — +25 — 12e/ — +1
2h06'54"430
*1'20"472 au 67e tour

2e **E. Ocon** (FRA) Alpine-Renault — +18 — 4e/ — à 19"477

3e **P. Gasly** (FRA) Alpine-Renault — +15 — 15e/ — à 22"532

4e **G. Russell** (GBR) Mercedes — +12 — 2e/ — à 23"265

5e **C. Leclerc** (MCO) Ferrari — +10 — 6e/ — à 30"177

6e **L. Norris** (GBR) McLaren-Mercedes — +8 — 1er/ — à31"372

7e **Y. Tsunoda** (JAP) Racing Bulls-Red Bull — +6 — 3e/ — à 42"056

8e **O. Piastri** (AUS) McLaren-Mercedes — +4 — 8e/ — à 44"943

9e **L. Lawson** (NZE) Racing Bulls-Red Bull — +2 — 5e/ — à 50"452

10e **L. Hamilton** (GBR) Mercedes — +1 — 16e/ — à 50"573

Pilotes APRÈS 21 GP SUR 24	Pts	BRE 3/11
1. Verstappen (HOL)	393	25 +6
2. Norris (GBR)	331	8 +8
3. Leclerc (MCO)	307	10 +6
4. Piastri (AUS)	262	4 +7
5. Sainz (ESP)	244	+4
6. Russell (GBR)	192	12 +3
7. Hamilton (GBR)	190	1
8. Perez (MEX)	151	+1
9. Alonso (ESP)	62	-
10. Hülkenberg (ALL)	31	-

Esteban Ocon et Pierre Gasly

« Un moment historique »

Pour Esteban Ocon et Pierre Gasly, ensemble sur le podium de cette course folle au Brésil, la réussite de deux Français, de deux Normands, est un accomplissement.

Ils ont fait attendre le public. Pendant plus de vingt-sept ans pour voir deux Frenchies ensemble sur un podium (Jerez 1997 avec la Prost d'Olivier Panis et la Benetton de Jean Alesi) et trente (1994 en Allemagne avec les deux Ligier d'Olivier Panis et Éric Bernard) pour en célébrer d'une même équipe tricolore, elle aussi. Ils ont même fait patienter le champion, Sa Majesté Max, en conférence de presse, pris par le tourbillon médiatique de leur performance historique. Et il aura encore fallu attendre pour qu'après la photo de l'équipe, le débriefing – réduit au maximum par le nouveau boss Oliver Oakes afin qu'on puisse leur causer – ils puissent, en courant chasser leur avion, livrer leurs sentiments sur ce Grand Prix de fou et leur course hors norme à tous deux. Trempés de champagne, grignotant un *pao de quejo*, ils ont répondu. Pressés mais tout sourire.

« Ce podium, vous l'expliquez par cette piste que vous adorez ou par la pluie ?

Pierre Gasly : La pluie, c'est la pluie. Ce genre de course, c'est typiquement celle où la performance des voitures est moins importante, celle où en tant que pilote, on arrive à se démarquer. À condition de ne pas faire d'erreur. Je pense que ça a été vraiment la clé de cette course. Il était tellement facile de faire une petite erreur. Il fallait bien mesurer les risques à prendre et être à la limite du début à la fin. Ce matin (dimanche après la qualification), j'étais aux anges parce que je savais qu'on était performants. Même si je ne suis pas passé en Q3, je savais qu'il y avait quelque chose à faire. Et voilà, j'ai gardé la tête froide, et au bout, on est remontés jusqu'à cette troisième place, et ce doublé sur le podium. C'est juste historique !

Esteban Ocon : C'est un peu les deux, je pense. À l'époque, Ayrton (Senna) disait que les conditions pluvieuses nivelaient les performances des voitures. C'est encore le cas aujourd'hui. Ce matin, en me réveillant, je ne pensais pas me qualifier quatre. Alors finir sur le podium après avoir un temps mené le Grand Prix… *(il soupire)*. C'est dingue. J'ai même à un moment pensé à la victoire. Quand les conditions sont nivelées, que l'on parle moins de la voiture, on est là.

Et vous retrouver tous les deux sur un podium ?

PG. Notre relation, malgré tous les hauts et les bas, est vraiment unique à nous. Il n'y a que nous deux qui pouvons la comprendre. C'est une histoire magnifique parce que nous avons réussi à vraiment bien bosser ensemble, à pousser l'équipe. Même dans une saison qui était compliquée, ça aurait été facile de tout laisser tomber. On a été vecteur de motivation pour tout le monde, même si c'est compliqué, on le sait. Aujourd'hui, je suis vraiment très fier de ce qu'on a pu atteindre, à Enstone ou Viry malgré les nouvelles qu'il y a eu (fin du programme F1 en 2026). Aujourd'hui, je pense qu'on a rendu tout le travail qu'ils ont pu faire pour le châssis ou le moteur en faisant une course sans faute, en allant chercher un doublé inespéré.

EO. C'est beau. C'est une belle histoire malgré les différends qu'on a sur certaines choses. Ce podium va rester pour nous deux.

Sans le drapeau rouge, vous auriez pu monter sur le podium ?

PG. Ce n'est pas tombé du ciel. Ce moment est la clé du succès. Les autres rentrent parce que les conditions sont horribles. On a parié sur le drapeau rouge mais il fallait survivre. Tous les dix mètres, j'ai cru que j'allais m'y mettre. Il fallait mesurer les risques et les opportunités. On a tout bien fait.

TENNIS
Alexander Zverev 6-2, 6-2 Ugo Humbert
HUMBERT, UNE FINALE SANS MERCI

FOOTBALL
Nantes 1-2 Marseille
L'OM RETROUVE SON CHEMIN

2,40 € lundi 4 novembre 2024 79e année N° 25 648 France métropolitaine

L'ÉQUIPE

Monaco	0-1	Angers
Lille	1-1	Lyon
Paris-SG	1-0	Lens
Brest	0-1	Nice
Saint-Étienne	2-0	Strasbourg
Toulouse	1-0	Reims
Auxerre	4-0	Rennes
Le Havre	1-0	Montpellier
Nantes	1-2	Marseille

FORMULE 1 Grand Prix du Brésil

DEUX FRANÇAIS AU MAX

Incroyable Grand Prix, hier, à San Paulo : pour la première fois depuis 1997, deux Français, ESTEBAN OCON et PIERRE GASLY, terminent sur le podium. Les pilotes Alpine encadrent un Max Verstappen phénoménal : parti en 17e position, le Néerlandais a surfé sur la pluie. Cette victoire lui offre quasiment le titre.

EO. C'était un truc de dingue. Honnêtement, ce n'était pas roulable. La voiture ne tournait pas, il n'y avait rien qui réagissait. Mais on a pris la bonne décision de rester en piste. Vraiment un beau moment pour moi et pour Pierre aussi. Parce que ce tour qu'on a fait tous les deux côte à côte, ça nous a rappelé des bons souvenirs de l'époque, lorsqu'enfants, en karting, on roulait tous les deux sous la pluie, sous la neige. Et il n'y a pas de secret : tous ces tours qu'on a faits par le passé, ils nous ont servi aujourd'hui. »

Jules Bianchi

Se souvenir de Bianchi

Le tragique accident du Français en octobre 2014 avait profondément marqué le paddock. Il imprègne encore fortement aujourd'hui la mémoire de Suzuka et de nombre de pilotes.

Jules Bianchi avait marqué ses premiers points lors du GP de Monaco 2014 au volant de la modeste Marussia.

On souhaiterait que cette journée du 5 octobre 2014 n'ait jamais existé. On voudrait, comme Max Verstappen, « ne pas s'en souvenir, avec aucune envie d'en parler ». Il est pourtant impossible d'oublier ce terrible Grand Prix du Japon, où l'un des plus grands espoirs français, Jules Bianchi, fracassa ses espoirs et son existence contre une grue du circuit de Suzuka.
« Un jour tragique, évoque Esteban Ocon, qui fut l'un de ses compagnons de karting sur la piste des Bianchi. Il était notre champion. Et je suis toujours triste en y repensant. »
On voudrait oublier mais on ne peut que se souvenir de ce week-end. Il faut même s'en souvenir. Moins pour l'accident que pour ce pilote génial et talentueux. « Je crois que c'était une belle personne. Et un super pilote, promis à un bel avenir », poursuit Verstappen qui débuta en

Sous la pluie du typhon qui frappe Suzuka, à la fin du GP du Japon, le Français va perdre le contrôle de sa monoplace.

Formule 1 ce week-end-là, le vendredi matin sur une Toro Rosso.
Comment oublier ce magique dépassement quelques mois plus tôt à Monaco, le 25 mai 2014 ? Une plongée incisive à la Rascasse pour s'infiltrer au volant de sa modeste Marussia entre la Caterham de Kamui Kobayashi et le rail. Avec ses premiers points (9e), la reconnaissance unanime du paddock et la fête somptueuse qui s'ensuivit, Jules Bianchi, premier membre de la Ferrari Academy grâce à son manager, Nicolas Todt, dès 2009, pensait sa carrière lancée.

En débarquant à Suzuka, à l'automne, sa confiance se fracture et le temps se gâte. La Scuderia annonce le samedi matin le recrutement de Sebastian Vettel pour remplacer Fernando Alonso. Le ciel s'assombrit. Un typhon, Phanfone, est même annoncé pour la course. Certaines écuries demandent à Bernie Ecclestone d'avancer le départ, en vain. Alors que la pluie noie la piste, Bianchi (25 ans, 34 GP) nous confie, quelques heures avant le départ, sa colère contre Maranello qui l'a oublié et laissé chez Marussia, la petite écurie de fond de grille. Même pas promis à passer chez Sauber. Il parle aussi de son filleul monégasque engagé en Formule Renault, évoque l'idée d'un sujet l'hiver venu à Brignoles (Var) sur la piste paternelle. Charles Leclerc, puisque c'est de lui que l'on parle, se rappelle parfaitement cette

Une semaine après l'accident, tous les pilotes se regroupent pour témoigner de leur soutien avant le départ du GP de Russie.

« Mon père m'avait juste dit que la course avait dû s'arrêter. C'est plus tard dans la journée qu'il m'a prévenu de la gravité de la situation. »

Charles Leclerc

En hommage à son parrain, Charles Leclerc portait cette année un casque aux couleurs de Jules Bianchi lors de la course de Suzuka.

funeste journée. « J'étais à Jerez (Espagne) pour une course de Formule Renault, se souvient-il. Je n'étais pas au courant de ce qui lui était arrivé. Mon père m'avait juste dit que la course avait dû s'arrêter. C'est plus tard dans la journée qu'il m'a prévenu de la gravité de la situation. » Sur place, on mettra également du temps à mesurer la sévérité du drame, même si la course sera arrêtée par un drapeau rouge. La course se déroulait sous l'averse, dans une nuit qui tombait, assaillie par ce fameux typhon. Notre consœur Anne Giuntini détaillait le lendemain matin dans *L'Équipe* : « Johnny Herbert, pilote anglais, à l'époque intervenant sur Sky Sports F1, a d'abord vu, au 41e tour, la Sauber d'Adrian Sutil partir en aquaplaning, dans le virage n° 7. Mais ensuite ? "Ensuite, tout s'est enchaîné très vite, racontait Herbert. Je l'avoue : il m'a fallu une poignée de secondes pour ordonner mes idées et admettre qu'il se passait un truc inquiétant. On savait Sutil indemne, on n'avait pas vu d'images alarmantes, et soudain on nous annonce une ambulance, la course s'arrête... Ah ! zut, mais oui, il manque une Marussia en piste..." Celle de Jules Bianchi. Adrian Sutil, lui, a tout vu. Il venait de s'extraire de sa Sauber. Il s'était placé derrière le rail de sécurité : "Jules a filé tout droit, comme moi, en aquaplaning. Il ne pouvait rien faire. Je ne veux pas tirer de conclusions hâtives, mais je me dis qu'entre les meilleures voitures et les nôtres, la différence n'est pas seulement dans la performance. Elle est là, aussi. Pour ceux de devant, dans des conditions scabreuses, ça passe ; pour nous autres, moins bien dotés, pas toujours. On aurait dû arrêter la course plus tôt. " »

Leclerc porte au Japon un casque aux couleurs de son parrain

Sutil ne décrira pas la suite. Les reporters présents à Sotchi, en Russie, la semaine suivante auront, eux, le droit à une vidéo et des explications au moment de lancer la commission d'enquête voulue par le président de l'époque, Jean Todt. Selon Charlie Whiting, le directeur de course de l'époque, Jules Bianchi avait ralenti au moment d'aborder le virage 7. « Mais c'est une question d'appréciation », ajoute-t-il. Au même endroit, à un tour de différence, Sutil et Bianchi perdent le contrôle de leur monoplace et partent en aquaplaning. Mais on voit le pilote Marussia rattraper un instant sa monoplace avant de la perdre de nouveau, quelques mètres plus loin. Quelques mètres trop loin. Contre cette grue, objet de tous les griefs depuis ce jour.

Vettel, au volant d'une Ferrari qu'aurait rêvé de piloter Jules Bianchi, lui dédiera sa victoire à Budapest quelques jours après la mort du Français.

Cette grue qui faillit toucher Pierre Gasly en 2022 sur cette même piste dans des conditions similaires.
Envoyé par ambulance à l'hôpital de Yokkaichi, à cause des pluies torrentielles, le Niçois subit une dernière opération pour tenter de résorber l'œdème cérébral. En vain. « Ce n'était pas facile pour moi, poursuit Leclerc. Il est resté longtemps au Japon avant de rentrer en France pour qu'on puisse le voir. C'était mon mentor. Depuis que je suis tout petit, on a roulé ensemble à Brignoles. Cela m'a beaucoup aidé à grandir. J'ai grandi plus rapidement grâce à lui. Surtout sur la façon de doubler parce qu'on faisait toujours des courses avec des karts de location. C'est là qu'on a le plus rigolé avec toute la bande de Brignoles. Et Jules comme mon père sont là pour moi dans ma tête pour les bons moments comme les plus difficiles. Je cherche à savoir ce qu'ils m'auraient dit dans ces moments-là. Ils sont d'ailleurs toujours sur mon casque. »
Le pilote Ferrari en arborait d'ailleurs un émouvant aux couleurs de son parrain lors du GP du Japon.

Vettel lui dédiera sa victoire en Hongrie en juillet 2015

Rapatrié en France un peu plus d'un mois après l'accident, le Français décédera le 17 juillet 2015 près des siens à Nice. C'est dans la cathédrale de Sainte-Réparate, devant tous les pilotes de l'époque (à l'exception de Fernando Alonso) qu'auront lieu ses obsèques, accompagnées d'un poignant « Mistral gagnant » avant qu'il ne soit inhumé au cimetière de Monaco, juste au-dessus de la piste qu'il adorait tant. Quelques jours plus tard, au GP de Hongrie, Sebastian Vettel, pilote Ferrari, lui dédiera sa victoire.
Cette journée se perdra sûrement dans les brumes des archives de l'histoire. Pas Jules Bianchi. Personne ne l'oubliera. C'est Pierre Gasly qui le dit : « Il ne sera jamais oublié, lâchait à Suzuka un pilote Alpine ému. C'était un exemple pour nous tous, les pilotes tricolores, membres de l'équipe de France. » À l'entrée du circuit nippon, un passionné déguisé en samouraï portait tout le week-end, au sommet d'un drapeau, les couleurs du Niçois, frappé d'une unique phrase en anglais : « Ne m'oubliez pas ! »

LES DIX DERNIERS **CHAMPIONS**

2024	Verstappen (HOL)
2023	Verstappen
2022	Verstappen
2021	Verstappen
2020	Hamilton (GBR)
2019	Hamilton
2018	Hamilton
2017	Hamilton
2016	N. Rosberg (ALL)
2015	Hamilton

Un sacre comme un lundi

Max Verstappen est devenu champion au terme d'une course peu haletante, achevée par un doublé Mercedes mais il aura, sans éclat, fait le boulot. À l'image de sa saison.

Max Verstappen célèbre avec calme son quatrième titre de champion du monde. Il fait désormais partie des légendes de la Formule 1.

Il est tranquille, Max. Bien loin de ses larmes de 2021 et Abu Dhabi ou de ses bonds de 2022 à Suzuka ou de ce sourire du Qatar l'an dernier. En 2024, dans son garage, avec ses mécaniciens, il sirote tranquillement une canette de bière, comme n'importe quel employé qui, à la fin d'une journée dont il est satisfait, s'envoie quelques gorgées de houblon avant de rentrer à la maison.
Tranquille, à l'image de l'homme, du pilote, du champion qu'il est devenu et qui, tout au long de cette saison, aura maîtrisé son manuel du pilote de la Formule 1 et de l'humain mieux que personne. Il est loin le temps, pourtant pas si éloigné, où le gamin fracassait ses espoirs et sa monoplace sur ses adversaires ou dans le rail. Elle est loin l'époque où le jeune champion s'énervait contre son équipe, son ingénieur ou Lewis Hamilton alors qu'il se lançait dans la quête d'un premier titre.
Aujourd'hui, le champion est serein, mature, apaisé. Il termine la saison avec plus d'avance qu'à Miami lorsque le déclin de sa voiture débuta, une course, le Brésil, qui restera dans l'histoire et cette couronne. Pour se rendre à la célébration de son quatrième titre, une Rolls Royce l'attendait et il s'y installa, telle la légende qu'il est devenue, seulement accompagné de Gianpiero Lambiase, son ingénieur. Derrière lui, dans la seconde voiture au Spirit of Ectasy, les trois premiers d'un GP qui ne restera dans l'histoire que pour le sacre du Batave, s'entassaient. Sainz et Russell déjà installés attendaient impatiemmment Lewis Hamilton qui hésita un temps à rejoindre son successeur. Il aurait fait meilleure figure au côté de Verstappen qui, l'an dernier, avait voisiné avec ces pilotes sans couronne.

Un sage de 27 ans

Le Batave resta donc seul, bien loin de l'an dernier, où sa combinaison de pilote était devenue une tenue d'Elvis, où il chantait « Viva Las Vegas » et se félicitait, triomphant, de cette orgie de succès. Il paradait alors fièrement, fort de sa 18e victoire. Cette année, à l'arrivée de ce Grand Prix, antépénultième de la saison, vieux briscard malgré ses 27 ans seulement, il préférait le rôle du modeste, du sage et du philosophe qui médite sur le temps qui a passé. « Jamais je n'aurais pensé monter si haut, glissait-il au micro avant de s'engouffrer dans sa Rolls. Piloter une F1, peut-être un podium, c'était déjà beaucoup. Une victoire paraissait presque inatteignable... »
Personne n'est obligé de le croire tant sa trajectoire est impressionnante, stratosphérique. Elle était inscrite dans les étoiles qu'il côtoie désormais, dans les gènes qu'on lui a transmises, sur les vibreurs de toutes les pistes qu'il a limées depuis sa plus tendre enfance, aux frontons de tous ces circuits qu'il a domptés depuis qu'il est devenu grand.
Il était fait pour rejoindre les plus grands, créé pour voisiner avec Alain Prost et Sebastian Vettel, pour bientôt frayer avec Juan Manuel Fangio avant de monter

tutoyer Michael Schumacher et Lewis Hamilton. L'enfant d'une championne de karting et d'un pilote de F1 copain de Schumacher ne pouvait pas être mauvais. Surtout avec un paternel comme Jos qui va tout arrêter pour se consacrer au futur prodige. Il lui apprendra tout, même ses pires travers au volant. Au génie qui apprend vite de faire, au fil des ans, le tri. Ce qu'il a magnifiquement réalisé, à l'image de cette saison du triomphe si *four*, comme ces quatre étoiles qui ornent désormais sa casquette. On lui a tout donné mais il a su tout magnifier.

Sûr de son talent

Même cette modeste cinquième place qui lui permet de coiffer une nouvelle couronne ne l'a guère perturbé. Le samedi, après être revenu des oubliettes du classement lors des essais libres, il avait réussi à se qualifier devant son rival. Il avait gagné en 2021, à Abu Dhabi, dans les conditions controversées qu'on connaît pour devenir champion. Il avait gagné en 2022 à Suzuka pour doubler la mise et refait la même chose en 2023 au Qatar pour célébrer ce troisième titre glané dans l'anonymat sordide d'une course sprint remportée par Oscar Piastri. Cette fois, il a écouté Gianpiero Lambiase, lui susurrant à mi-course la patience qui lui a longtemps fait défaut. « Max, tu pilotes parfaitement, lui glissait son ingénieur. Mais tu connais l'objectif. » Il était alors, au gré des changements de pneus nécessaire à cause de ce *very bad graining*, deuxième derrière Russell, vainqueur du jour. Il entendit les propos sages d'un des seuls hommes capables de murmurer à son oreille. « C'est fou avec Max, confirmait son ingénieur de toujours chez Red Bull (2016). Quand on pense que Max a atteint son maximum, il vous fait découvrir un autre niveau. »
Et sur le cuir moelleux de sa Rolls, il devait se régaler de son bonheur mieux que personne. Il ne partait pas pour un *very bad trip* sur le Strip. Les concerts de louanges allaient débuter pour le nouveau crooner de la F1. « Depuis la mi-saison, Max a réussi à gagner grâce à son talent. La voiture n'était plus la meilleure », insistait Helmut Marko, l'homme qui a réussi à le faire venir

« Je suis fier de ce titre parce que 70 % du temps cette saison, on n'a pas eu la voiture la plus performante mais cela ne nous a pas empêché de creuser l'écart. »

Max Verstappen

C'est sur un circuit en ville, incluant le Strip de Las Vegas, et de nuit, que le Néerlandais a géré sa course pour assurer une cinquième place, synonyme de titre mondial.

chez Red Bull en 2014. Alors dans sa Phantom, même sans *rye whiskey*, la nouvelle idole devait repasser ce parcours qu'il entama avec son père, qu'il poursuivit avec Red Bull et qu'il continue désormais seul. Il savait qu'il a gagné en 2024 grâce à sa voiture, son équipe, mais surtout grâce à lui. Un nouveau but est atteint. Il ne doit plus rien à personne.

L'esprit à la prochaine saison

« Je suis fier de ce titre parce que 70 % du temps cette saison, on n'a pas eu la voiture la plus performante mais cela ne nous a pas empêché de creuser l'écart, analysera-t-il plus tard. Vers la mi-saison, on avait beaucoup de soucis et on ne comprenait plus trop ce qui se passait. On était un peu perdu mais on est resté soudé et calme. »
Il est tranquille, Max. Il est devenu un monstre, cette éponge dont tout le monde parlait quand il débutait, capable d'engloutir les infos avec autant de vitesse qu'il dépasse désormais ses adversaires. En piste ou au palmarès. L'égal désormais de Prost et Vettel. Même avec une voiture ordinaire et, il est vrai, un adversaire qui l'est tout autant, il a encore gagné. Tranquillement.
En sirotant sa bière, très sereinement, en jouant avec tous les gadgets de la Rolls comme un enfant qu'il sait encore être, il pensait déjà, en champion hors norme, à la suivante… de couronne.

Le doublé de Mercedes, avec Russell et Hamilton aux deux premières places, restera anecdotique. Même s'il est prometteur pour la saison 2025.

FOOTBALL
Nantes 0-2 Le Havre
NANTES, LE SALE AIR DE LA CRISE
SKI ALPIN
Noël est magique
RUGBY
Le triomphe du 7 français
Antoine Dupont et Jérôme Daret.
2,40 € lundi 25 novembre 2024 79e année N° 25 669 France métropolitaine
Monaco 3-2 Brest
Paris-SG 3-0 Toulouse
Lens 1-3 Marseille
Saint-Étienne 1-0 Montpellier
Reims 1-1 Lyon
Lille 1-0 Rennes
Auxerre 1-0 Angers
Nantes 0-2 Le Havre
Nice 2-1 Strasbourg
L'ÉQUIPE
VERY MAX TRIP
FORMULE 1 Grand Prix de Las Vegas
Grâce à sa cinquième place hier à Las Vegas, MAX VERSTAPPEN remporte son quatrième titre de champion du monde d'affilée. Celui d'une certaine maturité.

La stat

4 Avec ce quatrième titre de champion du monde, Max Verstappen rejoint Alain Prost et Sebastian Vettel au palmarès.

Grand Prix 22/24 Résultats

*Meilleur tour

1	**George Russell (GBR)** Mercedes	1h22''05'969
2	**Lewis Hamilton (GBR)** Mercedes	à 7''313
3	**Carlos Sainz Jr. (ESP)** Ferrari	à 11''906
4	**Charles Leclerc (MCO)** Ferrari	à 14''283
5	**Max Verstappen (HOL)** Red Bull	à 16''582
6	**Lando Norris (GBR)** McLaren-Mercedes	à 43''385 * 1'34''876, au 50e tour
7	**Oscar Piastri (AUS)** McLaren-Mercedes	à 51''365
8	**Nico Hülkenberg (ALL)** Haas-Ferrari	à 59''808
9	**Yuki Tsunoda (JAP)** Racing Bulls-RBPT	à 1'2''808
10	**Sergio Perez (MEX)** Red Bull	à 1'3''114

Pilotes

APRÈS 22 GP SUR 24	Pts	USA 24/11
1. Verstappen (HOL)	403	10
2. Norris (GBR)	340	8 +1
3. Leclerc (MCO)	319	12
4. Piastri (AUS)	268	6
5. Sainz (ESP)	259	15
6. Russell (GBR)	217	25
7. Hamilton (GBR)	208	18
8. Perez (MEX)	152	1
9. Alonso (ESP)	62	-
10. Hülkenberg (ALL)	35	4

Compte tenu de la fin tardive du championnat du monde de F1 et du sacre effectif de Max Verstappen, ce Livre d'Or 2024 n'intègre pas les deux derniers GP de la saison, afin de pouvoir paraître avant la fin de l'année. Vous pouvez cependant recevoir le compte-rendu des dernières courses ainsi que les classements finaux sur simple demande en écrivant à : contact_solar@edi8.fr.

Les coulisses de Ferrari

Au cœur du réacteur rouge

Visiter la Gestione Sportiva de Ferrari en compagnie de son patron Frédéric Vasseur, c'est plonger au centre de la Scuderia. Un plaisir rare.

Bienvenue à la légendaire Gestione Sportiva, installée entre l'historique usine de Ferrari et la non moins mythique piste de Fiorano.

Venir dans la ville d'Enzo Ferrari, c'est un peu comme aller en pèlerinage à La Mecque. Et pouvoir rentrer, enfin, dans la Gestione Sportiva, c'est un peu comme s'approcher de la Kaaba. Un lieu secret où il a longtemps été interdit de pénétrer. Il n'est pourtant pas difficile à identifier, cet immense building, façonné par le cabinet Wilmotte, à deux pas de l'historique usine du Commendatore. Pour quitter le siège de Ferrari, par la via Abetone, et se rendre au musée, distant de quelques centaines de mètres, en butant sur des mécaniciens en tenue revenus de leur café ou des ouvriers en combinaisons partant embaucher à l'usine, vous ne pourrez pas la louper, via Fornace. Un bâtiment ultramoderne, rouge et noir, frappé du Cavallino et gardé comme la banque d'Italie. Car y entrer, si vous n'êtes pas invité, ne sera pas aisé. Et y faire des photos encore moins. Une fois votre sésame enfin récupéré, un agent de sécurité recouvre d'un adhésif occultant tous les objectifs de votre portable.
On le sent habitué, il n'en oublie aucun – surtout pas celui de la face avant – et s'exécute, affable, en quelques secondes, la coque remise en place si besoin. Pouvoir se promener dans ces couloirs, un appareil photo en bandoulière, est donc un plaisir rare. Une première, nous confie Silvia Hoffer, en charge de la communication. On y marche sans faire de bruit, avec un plaisir semblable à celui qui pénètre dans une cathédrale.

Depuis janvier 2023, Fred Vasseur a pris les commandes de l'écurie italienne, qui est désormais sa deuxième maison.

Des cerveaux planchent sur le moteur de 2026 derrière des portes à l'accès ultra-sécurisé

À l'intérieur, tout est blanc, clinique. Les gens qui passent murmurent. Encore plus lorsque vous poussez la porte de la direction. Là, devant vous, s'ouvre un immense couloir vide avec, de chaque côté, des portes presque toujours ouvertes, sauf la dernière tout au bout, que l'on devine verrouillée. Juste avant celle-là, sur la droite toujours, vous rentrerez dans le bureau du boss. Déjà occupé par Mattia Binotto et Maurizio Arrivabene auparavant, c'est là que Frédéric Vasseur a pris ses quartiers et qu'il reçoit ses invités ou organise certaines réunions autour de l'immense table située devant son bureau.
Le Français, souffrant du dos, avait à son arrivée en 2022 pris l'habitude de travailler debout. Guéri de ses soucis lombaires,

Son bureau est le même que celui de Mattia Binotto, son prédécesseur, mais la décoration a depuis changé.

Nous avons eu le privilège de nous promener dans les couloirs de la Gestione et même de prendre quelques rares clichés (ici avec Enrico Gualteri, responsable du département moteurs).

La Gestione s'est agrandie avec les années, et pour rejoindre les nouveaux bâtiments où se trouvent le *remote garage* et le simulateur, près de la piste de Fiorano, il faut prendre un pont suspendu, surnommé par certains employés « le pont des Soupirs ».

il n'a pas changé ses habitudes, et s'en est créé de nouvelles. Là où son prédécesseur accrochait des cadres lui rappelant chacune de ses victoires, le nouveau patron s'est offert deux grands tirages, de la victoire de Carlos Sainz à Singapour et du podium de Charles Leclerc à Las Vegas. Deux immenses photos qui occupent les murs autour de son bureau, de l'autre côté du petit jardin asiatique qui offre un peu de verdure et de chaleur dans cet environnement aride et glacial. C'est derrière ce petit havre de nature que se cache le centre névralgique de la Scuderia. On y arrive en passant cette porte verrouillée au bout du couloir de la direction. Sans badge, aucune chance d'y accéder. L'autre passage, celui des employés, est vérifié à l'accueil, au rez-de-chaussée, puis une seconde fois au premier étage par un système de portillons. Dans ces deux immenses salles interdites à toute photographie, des cerveaux élaborent le moteur de 2026 ou inventent les prochaines pièces de la voiture 2024, présentée peu après notre visite. Celle-ci est en train d'être assemblée juste en dessous, dans une monumentale baie, le *montaggio veicolo*, forcément interdite à nos yeux, à dix jours de la présentation officielle.

À deux coins de ces gigantesques open spaces, les bureaux des responsables des deux départements, Enrico Gualtieri pour le moteur et Enrico Cardile pour le châssis, qui travaillent en étroite relation avec le boss. Il arrive à Frédéric Vasseur de passer discuter avec les deux ingénieurs et ceux-ci ont porte ouverte dans le bureau du patron, qui les reçoit régulièrement quand il est à Maranello et discute beaucoup avec eux via Zoom lorsqu'il est sur les circuits. Derrière ces deux pièces monumentales, un pont de verre vous emmène vers un bâtiment plus neuf. Là encore – hormis le cliché autorisé sur le *Ponte dei sospiri* (le pont des Soupirs), hommage au chef-d'œuvre vénitien mais qui porte très bien son nom –, les employés ne parlent qu'à voix basse malgré une lumière hallucinante, étonnante dans un cadre si industriel.

Un moment de grâce devant une cinquantaine de monoplaces de la marque

Un escalier sans âme vous emporte dans un autre endroit clé de la Gestione Sportiva, le *remote garage*, au rez-de-chaussée. Un petit théâtre, un euphémisme car la salle est immense et équipée d'un mur d'écrans cyclopéen, où se trouvent une cinquantaine de postes, tous équipés des mêmes systèmes que

ceux de la murette sur les Grands Prix. Là encore, interdiction de s'étendre sur le sujet, tout comme la troisième construction qui nous restera fermée. Normal, c'est là qu'a été installé le nouveau simulateur de la Scuderia, à deux pas de la piste historique de Fiorano. C'est d'ailleurs là-bas, tout près de la maison du Commendatore, que s'achèvera la visite. Derrière la *casetta* d'Enzo Ferrari, une énorme construction héberge le département de l'endurance, géré par Antonello Coletta, et le département clients où sont stockées toutes les anciennes monoplaces, achetées par des passionnés, mais entretenues par les mécaniciens de Ferrari. Une vision qui ne résistera pas à l'appel du photographe, trop content de prendre un tel cliché en compagnie de Frédéric Vasseur, qui avait, la semaine précédente, ouvert ce même endroit à Leclerc pour un film lors de la prolongation « long terme » de son contrat. On sent le Français ravi de venir dans cet endroit, même si l'Hypercar de 2024 est en cours d'assemblage et les mécaniciens pas franchement réjouis de nous voir passer. Le boss, lui, est enchanté et échange avec Coletta, devant la cinquantaine de monoplaces soigneusement rangées et alignées ce jour-là, alors qu'en bas, dans l'atelier, on entend les mécaniciens travailler sur d'autres modèles. Un pur moment de grâce, suspendu dans le temps, presque religieux. Une belle manière d'achever ce voyage dans un sanctuaire. Oui, Maranello est bien la Mecque de l'automobile, et Fiorano, son saint des saints.

C'est au cœur de la cellule endurance, à deux pas de la maison du Commendatore, que se situe ce magnifique département clients où sont stockés les anciennes monoplaces de la Scuderia. Géré, comme l'endurance, par Antonello Coletta *(photo du dessous)*, il offre des trésors qui ont fait le bonheur de Fred Vasseur comme de notre photographe Franck Faugère *(photo du haut)*.

SOLAR

Directeur : Didier Férat
Direction éditoriale : Jean-Philippe Bouchard
Édition : Corentin Bréhard
Mise en page : EliLoCom, sur une maquette de Yoan De Roeck, d'après une charte de On/Off
Photogravure : Chromostyle
Fabrication : Emmanuelle Laine
Imprimé en France par Pollina.

ISBN : 978-2-263-18861-9
Code éditeur : L18861
Dépôt légal : décembre 2024

Crédits photographiques

1re de couverture : Panoramic
4e de couverture : Presse Sports (gauche et centre), Panoramic (droite).

Intérieur :
Presse Sports, pages : 10, 11 (haut), 22, 36, 40 (bas), 42, 54, 56, 57, 60-61, 64 (bas), 65 (haut), 72 (bas), 73 (haut ; bas, gauche), 76 (haut), 77, 80 (haut, bas), 85 (haut), 86, 88, 89 (haut), 99 (bas), 101, 105 (bas), 106, 113 (haut), 114, 115, 116, 117 (bas), 119 (haut), 124, 125, 126, 127 (bas).

IconSport, pages : 4, 8-9, 11, 15, 18, 19, 24, 25, 26, 28, 29 (bas), 30, 32, 33 (haut), 34, 38, 41, 43 (haut, gauche ; haut, droite), 48, 49 (bas), 50, 52, 60 (gauche), 64 (haut), 65 (bas), 72 (haut), 76 (bas), 78, 80-81, 83, 84, 85 (bas), 89 (bas), 90, 92, 93, 96, 97 (bas), 98, 100, 108, 109, 110, 112 (bas), 113 (bas), 119 (bas), 120, 122, 123.

Panoramic, pages : 6, 12, 13, 14, 16-17, 29 (haut), 33 (bas), 37, 40 (haut), 43 (centre, bas), 44, 45, 46, 47, 49 (haut), 53, 61 (bas), 62, 66, 67, 68, 69, 70, 73 (bas, droite), 74, 81, 82, 94, 97 (haut), 99 (haut), 102, 103, 104, 105 (haut), 107, 112 (haut), 117 (haut), 118.

© Frédéric Ferret, page : 127 (haut).